MAISON

DE LA SAUSSAYE.

Tiré à 60 exemplaires.

Soixante

HISTOIRE GENEALOGIQUE

DE LA MAISON

DE LA SAUSSAYE

PAR ALONSO PEAN

Membre de la Société des Sciences & des Lettres de Blois, de la Société archéologique

de Touraine & de plusieurs autres Sociétés savantes.

LYON

IMPRIMERIE DE LOUIS PERRIN

M D CCC LX.

Et pater AEneas & avunculus excitat Hector.

VIRG. *AEneid*. VI.

*L*A maiſon de la Sauſſaye eſt, ſans contredit,
« une des plus conſidérables du pays bléſois
« par les perſonnages diſtingués qu'elle a
« produits & par les grandes maiſons qui en
« ſont iſſues. »

*Ainſi s'exprime un allié de cette famille,
M. Alexandre Péan de la Hermandière,
vice-préſident honoraire du tribunal civil de
Blois, en tête d'une* Hiſtoire *généalogique de la maiſon de la Sauſ-
faye* (1). *Le reſpeĉtable magiſtrat l'avoit écrite en vue du jeune deſcen-*

---

(1) Cet ouvrage de mon homonyme eſt moins une hiſtoire qu'une nomenclature généalogique de la famille de la Sauſſaye, fruit de longues & conſcien-cieuſes recherches; en voici le titre dans ſon entier : Hiſtoire généalogique de la maiſon de la Sauſ-faye & des familles qui en ſont iſſues.

A

dant, alors unique, de cette ancienne maifon. En 1814, il lui en offrit le manufcrit autographe, accompagné d'un avant-propos où fe lifent ces mots :

« *Nous défirons vivement que cet ouvrage foit un jour utile à*
« *M. de la Sauffaye, &, s'il contribue encore à développer les heureufes*
« *difpofitions que la nature lui a départies, nous nous applaudirons de*
« *nous être établi l'interprète du tendre intérêt que ce jeune rejeton*
« *d'une famille recommandable infpire à tous les honnêtes gens de la*
« *province.* »

Je fuis heureux de rencontrer, dès le début de cette Hiftoire, un auffi précieux document de famille. Le paragraphe qui le termine ne me promet qu'une tâche extrêmement agréable : je n'aurai, pour le paffé comme pour le préfent, à montrer dans ces pages que des actions honorables, que des perfonnages dignes de louange ; car le jeune rejeton à qui, il y a plus de quarante ans, M. Péan de la Hermandière dédioit fon œuvre, s'eft avancé dans la vie en marchant fur les traces de fes pères. Aujourd'hui, cet héritier des la Sauffaye apporte à leur illuftration héréditaire le contingent de fon mérite perfonnel.

D'Hozier de Sérigny, juge d'armes de la nobleffe de France, donna place, dans fon Armorial général, à une généalogie de la famille de la Sauffaye. Etablie d'après les titres originaux, dont l'inventaire fut dreffé par le favant héraldifte (1), *elle s'appuie encore fur un tableau figuré* (2) *que Jean de la Sauffaye, IVᵉ du nom, produifit pour juftifier, devant l'intendant de la province de l'Orléanois, fa qualité de* noble & iffu de noble race & lignée, *lors de la recherche des titres ordonnée en 1666 par Louis XIV. Les lettres de maintenue de nobleffe, délivrées l'année fuivante par cet intendant, M. de Machault, font dans les archives de la famille* (3), *& les inftruments du travail de d'Hozier fe voient au Cabinet des Titres de la Bibliothèque Impériale. L'acte généalogique dreffé par ce juge d'armes devoit faire partie du 7ᵉ regiftre du XIᵉ volume de l'Armorial général ; mais ce volume n'a jamais été terminé. Seulement,*

---

(1) *Arch. de la maif. de la Sauff., fér. F., nᵒˢ 1 & 17.*
(2) Ibid., *férie G, nᵒ 3.*

(3) *Archives de la Sauffaye, férie F, nᵒ 4. —* Pièces juftificatives, nᵒ XVII.

des feuilles imprimées, & notamment celles qui concernent la famille de la Sauſſaye, ſe rencontrent dans les collections héraldiques & parmi les titres des maiſons nobles dont elles parlent : c'eſt ainſi qu'il en ſub-ſiſte deux exemplaires au nombre des pièces miſes à ma diſpoſition.

Antérieurement à d'Hozier de Sérigny, dans les premières années du XVIIe ſiècle, Jacques de l'Eſcornay, avocat au parlement de Paris, arrière-petit-fils de Jeanne de la Sauſſaye, fille puînée d'Olivier de la Sauſſaye, IIe du nom, fit imprimer un tableau généalogique de la famille de ſon arrière-grand'-mère & des familles qui lui étoient alliées. On connoît deux éditions de ce travail : la première parut en 1618, du vivant de l'auteur ; la ſeconde près de 100 ans après, en 1709. Les archives de la famille poſſèdent des exemplaires de l'une & de l'autre (1) ; celui de 1618 y eſt repréſenté par un très beau vélin, qui peut venir de Jacques de l'Eſcornay lui-même, & par un papier cartonné, ayant appartenu à Michel Savare du Moulin, allié des la Sauſ-ſaye, & contenant des notes marginales de la main de ce gentilhomme.

Le travail héraldique de Jacques de l'Eſcornay eſt juſtifié par une Généalogie exiſtant dans les volumes manuſcrits laiſſés par M. Robert Hubert, chanoine de St-Aignan d'Orléans, & poſſédés aujourd'hui par la Bibliothèque communale de cette ville (2). Cette Généalogie paroît avoir été dreſſée dans le but ſpécial de conſtater la filiation de deux des branches de la famille : celles de Brezolles & des Vaux.

Mais une Généalogie, précieuſe entre toutes, eſt celle qu'a dreſſée, de ſa propre main, Charles de la Sauſſaye, doyen de Ste-Croix & auteur des Annales latines de l'égliſe d'Orléans. Cet excellent travail, qui occupe trois pages in-folio, renferme des détails d'autant plus dignes de foi qu'ils émanent de l'un des hommes les plus éclairés de ſon ſiècle, très bien placé, d'ailleurs, pour connoître la filiation de la famille dont il fut l'ornement & la gloire. Ce manuſcrit autographe, le plus beau joyau, peut-être, de l'écrin héraldique de cette famille, y eſt compris ſous le nº 7, ſérie F.

---

(1) *Archives de la Sauſſaye, ſérie G. nº 6.* | ont pour titre : Armorial des familles nobles de
(2) *Les travaux héraldiques du chanoine Hubert* | l'Orléanois.

De même que l'œuvre généalogique de Charles de la Sauſſaye, celle de d'Hozier ne commençoit qu'à Robert de la Sauſſaye, écuyer, ſeigneur de la Sauſſaye & de la Raboye, homme d'armes de la compagnie du comte de Dunois, dont il étoit auſſi pourſuivant d'armes; mais la Généalogie manuſcrite du chanoine Hubert & M. Péan, d'après Jacques de l'Eſcornay, font connoître le père de Robert, nommé Olivier, lequel avoit également ſervi, en qualité d'homme d'armes, dans la compagnie du célèbre bâtard d'Orléans.

Jacques de l'Eſcornay, le chanoine Hubert & M. Péan de la Hermandière ignoroient toutefois le nom de la femme de cet Olivier, le premier du nom; je l'ai trouvé dans une note communiquée, en 1780, à Jean-François de la Sauſſaye, IIIe du nom, par l'abbé Maſſon, chanoine promoteur de la cathédrale d'Orléans (1). D'après cette note, priſe ſur une minute du 15 avril 1488, de Barthélemy Sevin, notaire, appartenant à l'étude Porcher, d'Orléans, la femme d'Olivier Ier étoit damoiſelle de la Roboye. Ce fut cette dame, évidemment, qui fit entrer le fief dont elle portoit le nom dans la famille de la Sauſſaye où il reſta près de quatre ſiècles (2).

La minute de l'étude Porcher, ainſi que le conſtate l'abbé Maſſon, eſt relative à Robert de la Sauſſaye. Outre les noms des père & mère de ce perſonnage, elle relate encore ceux de ſes enfants. De ces derniers, M. Péan n'a connu, comme d'Hozier, que l'aîné, Olivier, IIe du nom.

Le fief de la Roboye étoit ſitué près le Bardou, paroiſſe de St-Pierre-

---

(1) *Archives de la Sauſſaye, ſérie A, n° 6.*

(2) *La Généalogie manuſcrite de Robert Hubert, chanoine de St-Aignan, s'accorde avec la minute de* 1488, *de l'étude Porcher, pour écrire* Roboye *le nom du fief de la femme d'Olivier* Ier. Roboye *ſeroit donc la forme primitive. Quant à celles de* Raboye &, *plus tard,* Rabois, *qui s'en rapprochent, elles ſont données par toutes les Généalogies du* XVIIe *ſiècle, notamment par la Généalogie imprimée de Jacques de l'Eſcornay & par la Généalogie manuſcrite de Charles de la Sauſſaye, doyen de l'Egliſe d'Orléans. Ce nom de* Roboye *ou* Raboye *paroît ſe retrouver dans la ſeconde partie du nom de la commune de* Villerable, *anciennement* Villeroble, *en latin,* Villa Robuli (Guérard, *Cartulaires de France,* I, cccxj), *dans le nom de la* Roubalaye, *autre fief poſſédé par la famille de la Sauſſaye, &c. Il eſt digne de remarque que le changement de l'o en* a, *qui a fait* Raboye *de* Roboye, *a fait également* Villerable *de* Villeroble. *Dans le roman de Girart de Roſſillon, un des perſonnages eſt qualifié de ſeigneur de* Mont-Raboy. (Cf. *l'édition du roman de Girart, de M. Mignart, v.* 4582.) *Tous ces noms de lieu, au ſurplus, ont un air de famille, & leur étymologie pourroit être cherchée dans le latin barbare* robulum, *diminutif de* robur, *chêne, érable. Ainſi,* Villa Robuli, *c'eſt la villa ou habitation du chêne; la* Roboye, *la* Roubalaye, *le lieu planté de chênes.*

de-Meung, & Robert de la Sauffaye & fa femme, fuivant l'acte précité, habitoient Baugency où leur père étoit mort. Mais les la Sauffaye devoient tirer leur origine de la Normandie, province où, dès le XIVᵉ fiècle, vivoit un dignitaire eccléfiaftique de leur nom; où Robert, l'un d'eux, obtint un emploi de Charles VII, double circonftance expliquée plus loin; où, enfin, plus d'une propriété féodale a pu leur donner le nom qu'ils portent encore. Quoi qu'il en foit, ce fief de la Sauffaye, orthographié plus correctement Saulfaye par les anciens documents (1), fe trouvoit dans la famille de temps immémorial. Lorfque, après les longues guerres du XVᵉ fiècle auxquelles elle prit une part glorieufe, cette maifon vint s'établir dans le Bléfois, elle négligea fans doute le fief patrimonial; elle finit enfuite par l'aliéner; la trace s'en eft ainfi perdue.

Il eft bon de remarquer que les la Sauffaye n'ayant jamais porté d'autre nom que celui de leur fief, cette circonftance détruit toute idée d'anobliffement & dénote la nobleffe d'extraction ou de race. D'autre part, le titre d'homme d'armes, conftituant la nobleffe d'épée, fuppofe la qualité de gentilhomme de nom & d'armes (2). On fait que, dans l'ancienne milice françoife, un homme d'armes étoit un gentilhomme armé de toutes pièces, amenant à fa fuite cinq cavaliers, nobles comme lui, favoir : trois archers, un couftillier & un page (3); c'eft ce qu'on appeloit une lance fournie. Chaque compagnie étoit formée de cent lances, c'eft à dire, de fix cents cavaliers.

La pièce la plus ancienne, relative à la famille de la Sauffaye, paroît être une quittance de fix florins d'or, donnée à Louviers, le 3 juillet 1361, par Guillaume de la Sauçoye, chanoine d'Evreux, clerc & confeiller du roy, commis & eflu ès cité & diocèfe d'Evreux, à Meffire

---

(1) Saulfaye, *primitivement* Saulçaye, Saul-çoye, *a la même origine que l'efpagnol* Salceda, *l'italien* Saliceto, *&c., c'eft à dire, le latin* Salice-tum, *pour* Salictum, *endroit planté de faules,* falices.

(2) *Meneftrier,* Des diverfes efpèces de Nobleffe, *pp.* 214, 265, 271 *& paffim.

(3) *Matth. de Coucy, Fauchet,* Origines de la milice & des armes, *&c. — Le couftillier étoit armé d'un long couftel ou couteau à trois ou quatre carnes, de fabrique allemande. Cette arme offenfive, qui fe vit pour la première fois en France à la bataille de Bouvines, s'appeloit couteau de guerre. (A. Favin,* Théâtre d'honneur & de chevalerie, *p.* 98.)

B

X

Gilles de Jumiéges, commis pour le faiѐt de l'aide & redempcion (ran-
çon) du roy. (*Pièces juſtificatives, n° I.*)

*A l'exemple du Cabinet des Titres, je n'héſite pas à ranger cette pièce
originale parmi les documents qui peuvent être attribués authentique-
ment aux la Sauſſaye; car la poſition du chanoine Guillaume à Evreux
indique une maiſon établie en Normandie, dans le voiſinage immédiat
de l'Orléanois (1), & l'orthographe de ſon nom, due à la prononcia-
tion forte du temps, ſe retrouve, en 1459, dans une pièce relative à
Robert de la Sauſſaye. (Pièces juſtificatives, n° II.)*

*Le Cabinet des Titres possède également, en original, cette pièce de
1459. C'eſt une autoriſation donnée, le 28 février, à Robert de la Sauſ-
ſoye, par le roi Charles VII, à l'effet de ſe faire remplacer pour un an
dans la geſtion de ſon office de contrôleur du grenier à ſel d'Har-
fleur (2). Cette grâce ſpéciale lui eſt accordée en raiſon de ſes ab-
ſences & chevauchées pour le ſervice du roi & du comte de Dunois dont
il eſt le pourſuivant d'armes. Le pourſuivant d'armes, eſpèce de ſurnu-
méraire héraldique, pris dans la nobleſſe, rempliſſoit les fonѐtions du
héraut à la cour des hauts barons non ſouverains. Fécial, hiſtorien,
généalogiſte des grandes familles, le pourſuivant d'armes devoit être
verſé dans toutes les ſciences divines & humaines; il étoit à la fois
gentilhomme & lettré (3). Lors de ſon baptême, c'eſt ainſi qu'on nom-*

(1) *De bonne heure, l'arbre généalogique des la
Sauſſaye paroît avoir étendu ſes rameaux ſur toute
la France ancienne:* Et toto regno diffuſa Sauffeyorum gente, *dit un paſſage des* Annales de l'Eglife
d'Orléans. *Déjà, vers la fin du XVᵉ ſiècle, on trouve
une branche de cette noble famille en poſſeſſion de
biens & de titres aux environs de St-Calais. Deux
chartes ſur parchemin, exiſtant en original aux archives départementales de Loir-&-Cher, en copie au
chartrier de la Sauſſaye (nᵒˢ 4 & 5, ſérie A); l'une
du 6 décembre 1478, l'autre du 11 février 1481,
ſignalent, comme* dame des fiés & ſeigneuries
de Villehemon & de la Belle-Voye, *damoiſelle*
Jehanne de la Saulſaye, *épouſe de Jehan de la*
Cahenne, eſcuyer. *Or, il n'eſt pas poſſible de regarder cette dame comme étrangère aux la Sauſſaye*
de la Roboye, *puiſque ſes fiefs, qui conſtituoient une
petite terre avec château, étoient poſſédés au XVIᵉ
ſiècle par* Mathurin de la Sauſſaye, évêque d'Orléans. *Ils ſortirent alors de la famille par l'aliénation qu'en fit ce prélat.*

(2) « *Autrefois les gentilshommes manioient les fi-
« nances; mais, depuis que les roys ont vendu les eſtats
« de financiers, la nobleſſe qui n'avoit pas le moyen de
« les achapter a été privée de ce maniement.* » (Traité
des finances de France, *dédié au roy très chré-
tien de France & de Pologne,* Henry IIIᵉ *du
nom.* — Archives curieuſes, *tome* IX, *première
ſérie.*)

(3) *Favin,* Théâtre d'honneur & de chevalerie,
t. I, p. 59. — *Palliot,* La vraye & parfaite ſcience
des armoiries, *p. 389.*

moit la cérémonie de fon admiffion dans l'ordre, il recevoit de fon fu-
ʒerain un de ces noms que Favin appelle de bonne rencontre, comme:
Dict-le-Vray, Beau-Semblant, &c. Cependant on a des exemples de
pourfuivants d'armes ayant appellation de fiefs. C'eft ainfi que, dans
l'autorifation du roi Charles VII, Robert eft qualifié officiellement
du furnom de Longueville, à caufe d'un fief du même nom appartenant
au comte de Dunois (1).

Aux XVIe & XVIIe fiècles, plus voifins que le nôtre des traditions
& des fouvenirs hiftoriques de la maifon de la Sauffaye, cette famille
paffoit pour une des plus anciennes du Bléfois.

Je trouve plufieurs preuves de cette opinion:

Une première m'eft offerte, dans ces vers de l'épitaphe de Mathurin
de la Sauffaye, évêque d'Orléans, mort en 1584:

Mî natale folum Blefi, terra hofpita regum;
Hinc pater, hinc & avus, longo inde ex ordine patres;

Une feconde, dans ce début du chapitre confacré à l'illuftre prélat
par les Annales de l'Eglife d'Orléans, imprimées en 1615: .... Pa-
ternum genus ex antiqua & toto regno diffufa Sauffeyorum gente (2);

Une troifième, dans cette note du Recueil manufcrit des épitaphes
de Maigret, placée à la fuite de l'article de Charles de la Sauffaye,
doyen de Ste-Croix, & réfumant en peu de mots les titres de nobleffe
de fa maifon, le grand nombre de hauts fonctionnaires qu'elle a fournis
à la France & les alliances illuftres dont elle s'honore (3):

---

(1) Les villes libres &, à leur exemple, les villes
fimplement érigées en commune avoient des meffagers
ou chevaucheurs qu'elles décoroient du titre de hé-
rauts-pourfuivants. Des comptes de commune, de 1428
à 1440, en attribuent deux à Orléans; le premier
portoit le nom de cette ville. (Mantellier, Siége &
délivrance d'Orléans, p. 11, in not.) — Le fief
de Longueville, au furplus, paroît avoir été l'objet
de l'affection particulière du célèbre Dunois & de fes
héritiers. Ainfi, fon nom refte attaché à celle des cha-

pelles de Notre-Dame-de-Cléry qui renferme leurs
reftes. (Bulletin de la Société archéologique
de l'Orléanois, IVe trimeftre de 1854, n° 19,
p. 95.)

(2) Sauffeius, Annal. Ecclef. Aurelian., p. 653.

(3) Le recueil de Maigret fait partie des mss. autographes de la Bibliothèque impériale, & la copie
de la note, due à l'obligeance de M. P. Paris, de
l'Inftitut, eft comprife au n° 7, férie B, des Archives
de la Sauffaye.

« *La maison de la Saulsaye est ancienne & recommandable par le*
« *grand nombre de personnes qualifiées qui en ont esté, comme d'un*
« *évesque d'Orléans, de six conseillers d'Estat, de deux premiers pré-*
« *sidens de cours souveraines, sans parler des maistres des requestes,*
« *des maistres des comptes & autres principaux officiers de la Chambre,*
« *des trésoriers de France & autres constitués en dignités & charges*
« *considérables. Elle a alliance aux Mˢ Seguier, de Montholon, Molé,*
« *de Marquem (sic), d'où un cardinal-archevesque de Lyon (1), de Pot*
« *de Rodes, Duprat, de Resnel, de Neufchelles. Et, s'il faut re-*
« *monter à 200 ans & au-delà, les histoires nous marquent qu'un, de ce*
« *nom de la Saulsaye, espousa, sous le règne de Louis XII, une sœur*
« *du chancelier de Morvilliers.* »

La plus importante de toutes les preuves, néanmoins, est cette ordon-
nance de maintenue de noblesse, rendue par M. de Machault, intendant
de la province d'Orléans, que j'ai mentionnée page vj, & reproduite
in extenso aux Pièces justificatives, nº XIV (2).

L'éclat que firent rejaillir sur la famille de la Saussaye tant de
charges & d'alliances élevées la mirent en grand honneur auprès des
maisons les plus distinguées des XVIᵉ & XVIIᵉ siècles. Un témoignage
frappant de cette grande considération qui l'entouroit alors existe dans
l'extrait suivant de la Biographie manuscrite d'Olivier d'Ormesson,
écrite vers 1615 par André, son fils, doyen du Conseil d'Etat:

« *Mon père, recognoissant combien il estoit mal aysé de subsister*
« *longuement à la cour, sans appui & assistance, il se resolut de se*
« *marier & de s'allier dans quelque famille qui le pût soutenir &*
« *deffendre. En ce temps, messire Jean de Morvilliers, évêque d'Or-*
« *léans & conseiller d'Estat, estoit en grand crédit & reputation &*
« *pouvoit beaucoup à cause des bons services qu'il avoit rendus & ren-*
« *doit à la France. Mon père recherca son alliance & espouza damoi-*
« *selle Anne d'Allesso, fille de M. Jean d'Allesso sieur des Ragny*
« *(sic), issue du neveu de Monsieur saint François de Paule & de Marie*

---

(1) *Denis-Simon de Marquemont*, 1612. (Mon-
falcon, Histoire de Lyon, *Table chronologique des*

évêques & archevêques, t. II, col. 2, p. 1380.)
(2) *Archives de la Saussaye*, nº 4, *série F.*

« *de la Sauſſaye, fille de M. de la Sauſſaye & de Jeanne de Morvilliers,*
« *ſœur de M. de Morvilliers. Ainſi mon père fut grandement & tou-*
« *jours favoriſé par M. de Morvilliers, duquel nous avons encore des*
« *lettres qu'il a eſcriptes toutes de ſa main à mon père, & qui teſmoi-*
« *gnent l'affeĉtion qu'il lui portoit.* » (Fº 169, vº. — Bibliothèque
de Rouen, fonds Leber.)

La haute diſtinĉtion de la famille de la Sauſſaye s'accrut encore par ſon alliance avec l'illuſtre maiſon de Beauharnois; en effet, une pro-duĉtion de titres généalogiques faite par cette maiſon, pour la rédac-tion de l'Armorial général de France, nous apprend que François de Beauharnois, ſeigneur de Miriamont, auteur du ſixième degré, avoit épouſé Magdeleine Bourdineau de Villemblin, dont la biſaïeule, Mar-guerite de la Sauſſaye, grand'-tante de Mathurin de la Sauſſaye, évêque d'Orléans, étoit en même temps couſine de Marie Bourdineau de Vil-lemblin, femme de Méric de Vic, garde des ſceaux de France (1).

Les armoiries de la maiſon de la Sauſſaye ont ſubi pluſieurs variations:

XVᵉ ſiècle. Elles étoient d'une grande ſimplicité: d'argent à une ſauſ-ſaye de ſinople (*trois ſaules arrachés & rangés de front*). C'eſt ce qu'on appelle des armes parlantes. *Elles ſont ainſi figurées dans la Généa-logie de la maiſon de Caſtelnau* (2) *& ſur d'anciens portraits de fa-mille.* (Voir, en tête de cette Introduĉtion, vignette nº 1.)

XVIᵉ ſiècle. Les modifications intervenues dans ce ſiècle appartien-nent au temps de Jean de la Sauſſaye, Iᵉʳ du nom. Ce gentilhomme fut marié deux fois: en 1513, *à Jeanne de Morvillier, ſœur du garde des ſceaux, & en* 1539 *à Roſe de Baillon, fille du prévôt général de l'Ar-tillerie de France.*

Les enfants du premier lit briſèrent leur écuſſon du ſanglier de ſable des Morvillier (3), *& portèrent:* d'argent, à un ſanglier de ſable paſſant, accompagné de trois ſaules de ſinople, deux en chef & un en pointe.

---

(1) *Voir, ci-après, l'article de Robert de la Sauſ-ſaye, auteur du* IIᵉ *degré.*

(2) *Le Laboureur ſur Caſtelnau, t.* III, *pp.* 162 *&* 163. — *Palliot, page* 30 *de* La vraye & parfaicte ſcience des armoiries, *donne les armes d'une fa-mille de la Sauſſaye qui ſont compoſées de trois ſau-les, poſés* 2 *&* 1; *mais, ainſi figurées, ces armes doi-vent appartenir à une autre famille du même nom.*

(3) *Pluſieurs monuments offrent une laie au lieu d'un ſanglier.*

xiv

On voit cet écuſſon dans l'égliſe de St-Laumer de Blois, au bas d'une inſcription commémorative de fondations faites par un Morvillier pour le repos de l'âme de pluſieurs de ſes ancêtres, & reſtituée par un la Sauſſaye. (Pièces juſtificatives, n° III, Introduction, vignette n° 2.) (1). Sur un vitrail, donné à l'égliſe de la paroiſſe d'Ardon, dans l'Orléanois, en 1600, par Charles de la Sauſſaye, doyen du chapitre de Ste-Croix, ces mêmes armes exiſtent, mais les pièces ſont diſpoſées d'une manière différente : les trois ſaules ſont placés en chef & le ſanglier en pointe. (Vignette n° 3.) (2).

Quant aux enfants nés du ſecond mariage de Jean de la Sauſſaye, ils rappelèrent leur origine en plaçant la tête du léopard *de la famille de* Baillon *ſur leur écuſſon, qu'ils blaſonnèrent de cette manière :* d'argent, au chevron de gueules, accompagné, en chef, de deux ſaules de ſinople, & en pointe, d'une tête de léopard bouclée d'or. *Ces armoiries nous ſont données par un cachet appoſé à ſec ſur une quittance de Pierre de la Sauſſaye, ſeigneur des Vaux, fils aîné de Jean & de Roſe de Baillon. (Vignette n° 3, & Pièces juſtificatives, n° IV.)*

XVIIe ſiècle. Dans les lettres de maintenue de 1667, la maiſon de la Sauſſaye reçut définitivement & officiellement, pour ſon écu, le blaſon qu'elle a gardé juſqu'à ce jour : d'argent, à un chevron de gueules, accompagné en chef de trois ſaules de ſinople, rangés de front, & en pointe d'un porc-épic de ſable, paſſant, *avec la légende ordinaire du porc-épic :* COMINVS ET EMINVS, *de près comme de loin* (3).

---

(1) *Cet écuſſon eſt très mutilé ; mais on voit par la gravure, diſpoſée en creux, qu'il a reçu ou a dû recevoir des émaux en application.*

(2) *Ce vitrail eſt maintenant en la poſſeſſion du chef de la famille de la Sauſſaye. Il eſt compoſé de trois panneaux. Celui du milieu repréſente le Chriſt ſur la croix & les deux ſaintes femmes à ſes pieds ; le panneau de gauche, ſaint Denis portant ſa tête ; & celui de droite, ſaint Pierre. Au-deſſus, le ſoleil & la lune &, au milieu, l'écuſſon de Charles de la Sauſſaye dans une couronne ſoutenuë par deux anges & ſurmontée de la légende*

ΔΙΔΟΥ ΜΟΙ ΑΡΕΤΗΝ ΤΕ ΚΑΙ ΟΛΒΟΝ,
Donne-moi force & bonheur.

Au bas du vitrail, on lit l'inſcription ſuivante :

CESTE VISTRE A ESTE' DONNEE
PAR · M · CHARLES DE LA SAVSSAYE
DOYEN · DE LEGLISE DORLEANS · LAN
DV · IVBILE' · DORLEANS · 1600   PRIEZ · DIEV POVR · LVY

(3) *Suivant une croyance populaire, le porc-épic pouvoit non ſeulement ſe défendre de près, à l'aide de ſes dards, mais encore les lancer de loin contre ceux qui l'attaquoient. (Lemaire, Hiſtoire & antiquités de la ville & duché d'Orléans, édition in-folio, p. 150. — Claude Paradin, Deviſes héroïques, p. 24, édition de 1621. — L. de la Sauſſaye, Hiſt. du château de Blois, p. 6 de la 4e édit.)*

Quelle est l'origine de ce porc-épic? on l'ignore. Il ne se trouve, à notre connoissance, que sur des vélins coloriés & sur un arbre généalogique qui semblent avoir été fournis par Jean de la Saussaye, IVe du nom, à l'appui des pièces qu'il présentoit pour ses preuves de noblesse, & qui figurent dans la série F des archives de la famille. L'origine de l'introduction du porc-épic dans l'écusson des la Saussaye peut remonter aux premières années du XVIe siècle. Il est, en effet, très supposable que Jean Ier, ayant reçu alors, du roi Louis XII, les insignes de l'ordre du Porc-Épic, encore recherchées, aura voulu, de même que plusieurs maisons nobles de l'Orléanois, en illustrer ses armoiries, afin de perpétuer le souvenir d'une circonstance honorable. Peut-être aussi fut-ce l'un de ses successeurs qui introduisit cette modification définitive. Il ne faut pas, au surplus, s'étonner de voir l'ordre du Porc-Épic conféré à un simple gentilhomme: le nombre des chevaliers qui, dès le principe, avoit été porté à 25 seulement, y compris le fondateur, Louis d'Orléans, aïeul de Louis XII, s'accrut tellement sous ses successeurs, qu'il perdit, en peu de temps, son prestige, & tomba dans l'oubli dès la fin du XVIe siècle.

La vignette n° 5 est copiée sur l'Armorial de d'Hozier de Sérigny, & l'écusson placé en tête de notre Histoire généalogique, sur les vélins dont je viens de parler.

Bien que tout ce qui précède établisse à mes yeux, d'une manière évidente, l'existence noble des la Saussaye avant le XIVe siècle, la filiation non interrompue de leur maison ne peut toutefois remonter, historiquement parlant, au delà du XVe. C'est donc par Olivier, Ier du nom, homme d'armes dans la compagnie de l'illustre Bâtard d'Orléans, que je commencerai mon travail héraldique.

DE LA SAUSSAYE

EN ORLEANOIS.

Armes : *D'argent, à un chevron de gueules, accompagné,
en chef, de trois faules de Sinople, rangés de front, & en pointe, d'un porc-épic de fable, paffant.*
Supports : *Deux fauvages.* — Devise : COMINVS ET EMINVS.

I. OLIVIER DE LA SAUSSAYE, Ier du nom, feigneur de la Sauffaye, de la Roboye & de la Roubalaye, homme d'armes dans la compagnie du comte de Dunois.

La minute de l'étude Porcher, d'Orléans, citée plus haut, contient à peu près les feuls renfeignements que l'on poffède fur ce gentilhomme. Le temps où il a vécu fait fuppofer qu'il étoit au moins le petit-neveu de Guillaume de la Sauçoye, chanoine d'Evreux. Olivier ayant ceffé d'exifter en 1467, date

I

d'un aveu de la Roboye rendu par fon fils, devoit être né fur la fin du XIVᵉ fiècle (1), & Guillaume, qu'une quittance vient de nous montrer plein de vie en 1361 (2), pouvoit être décédé dans le temps voifin de la naiffance d'Olivier; il n'y avoit, par conféquent, que l'intervalle d'une génération entre ces deux membres de la même famille.

Quoi qu'il en foit, Olivier de la Sauffaye fut noble de race, comme le prouve fa qualité d'homme d'armes. Au fiége mémorable d'Orléans, il partagea les dangers & la gloire du grand Bâtard, fon feigneur (3), &, circonftance digne de remarque, plus de quatre fiècles après, lors des fêtes données par la ville d'Orléans en l'honneur de fa libératrice, une chevauchée hiftorique montroit dans fes rangs la bannière de Dunois portée par un héritier direct du vieil homme d'armes, un Olivier auffi, l'aîné des fils du chef actuel de cette maifon (4).

Olivier Iᵉʳ dut paffer la majeure partie de fa vie dans les camps. Invefti du fief de la Roboye par fon mariage avec une demoifelle de ce nom, il termina, avant 1467, fes jours à Baugency, où paroît l'avoir amené l'alliance qu'il avoit contractée (5).

N'ayant pu réuffir à trouver le blafon de la famille de la Roboye, je fuis obligé, à regret, de laiffer en blanc l'écuffon de l'époufe du chef de la maifon de la Sauffaye.

De cet Olivier & de damoifelle DE LA ROBOYE eft iffu Robert qui fuit.

---

(1) Il floriffoit dès l'année 1400, d'après la généalogie du chanoine Hubert, citée plus haut, page vij.

(2) Introduction, page ix, & Pièces juftificatives, nᵒ I.

(3) Olivier, en lui comptant 21 ans, en 1400, n'étoit âgé que de 50 ans en 1429, époque de la levée du fiége d'Orléans. Il a dû, par conféquent, fe trouver à ce fiége mémorable, qui dura du 12 octobre 1427 au 8 mai 1429.

(4) Ces belles fêtes fe célébrèrent les 6, 7 & 8 mai 1855. La cavalcade hiftorique eut lieu le 7. (Mantellier, *Siége & délivrance d'Orléans*, page 161.)

(5) *Minute de l'Etude Porcher; Note de l'abbé Maffon*, dans les Archives de la maifon de la Sauffaye, férie A, nᵒ 6. — Robert Hubert, *Armorial des familles nobles de l'Orléanois*.

II. ROBERT DE LA SAUSSAYE, Ier du nom, hérita de fes

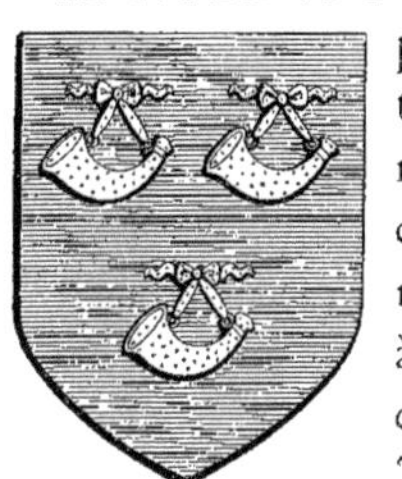

père & mère : 1° le fief de la Sauffaye, dont le titre feigneurial lui eft attribué par le contrat de mariage de Jean Ier du nom & de Rofe de Baillon, du 24 février 1538 (1539) (1) ; 2° le lieu, feigneurie & manoir de la *Roboye, Raboye* ou *Raboys*, fis à Bardou, paroiffe de St-Pierre-de-Meung, d'où dépendoit la *Roubalaye*, autrement dite *Simple-Vallée*, comme il appert de l'hommage qu'il en

fit, le 8 juin 1467, à noble homme Pierre de Prunellay, écuyer, feigneur d'Ouarville, *alias* Ourville, & à dame Annette de Tillay, fon époufe, ayant charge & gouvernement des enfants du premier mariage de cette dame avec noble homme Michel de Beauvillier, feigneur de la terre du Chéray dont celle de la Roboye étoit mouvante (2).

A ces titres nobiliaires, Robert joignit plufieurs emplois qui atteftent ou fon mérite ou fa valeur. Celui d'homme d'armes du comte de Dunois lui eft parfaitement reconnu par l'aveu du 8 juin 1467 ; celui de pourfuivant d'armes du même fuzerain, fous le nom de Longueville, par les lettres-patentes du roi Charles VII. (Pièces juftificatives, n° II.)

L'exiftence de Robert fut militante : des chevauchées, des meffages, des faits de guerre en occupèrent la meilleure part. La pièce dont je viens de parler prouve que fes longs & honorables fervices furent appréciés par fon fouverain.

Robert, qui, comme on vient de le voir, vivoit encore en 1467, étoit né à Baugency, s'y étoit marié, vers 1436, avec PERRETTE LE CHASSEUR, & y vécut dans les rares intervalles de loifir que fes fonctions lui laiffèrent.

Son union avec Perrette le Chaffeur fut féconde ; elle donna naiffance à fix enfants :

---

(1) Archives de la Sauffaye, n° 3, férie B.

(2) Cet acte eft daté, par erreur, du 6 juin 1467, dans l'arrêt de la Cour fouveraine des francs-fiefs rendu à Blois le 2 juin 1660. Mais d'Hozier de Sérigny, qui eut fous les yeux la copie collationnée fur l'original par Gaftineau, notaire à Blois, & Berthier, premier commis au Cabinet du St-Efprit, qui cite les termes mêmes de l'aveu, font d'accord pour reftituer à cet acte important fa véritable date, le 8 juin 1467.

1. Olivier, IIe du nom, dont l'article va fuivre.

2. Gentien.

3. Jean, Ier du nom.

4. Philippe de la Sauffaye, époux de Jeanne Berruyer, d'où Guillemette, mariée en 1488 à Jean Compaing, écuyer, d'une famille noble originaire d'Orléans, alliée des de Thou & des Chamillard (1). Les Compaing remontoient à Raoul Compaing, fieur de Patay, au comté de Blois, vivant en 1305 ; mais le XVe fiècle vit s'accroître leur illuftration : en février 1459, Charles VII, étant à Jargeau, accorda des lettres de nobleffe à Guillaume Compaing, en reconnoiffance des grands fervices qu'il en avoit reçus pendant le fiége d'Orléans. Un ancien hiftorien de la famille de la Sauffaye a cru devoir inférer dans fon livre cet acte de royale gratitude, conçu en termes extrêmement honorables pour une maifon plufieurs fois alliée des la Sauffaye. Je le donne, à fon exemple, & j'y joins la naïve traduction qu'il en a faite :

Comperta officiofa diligentia, animofaque conftantia in celebri ciuitate Aurelianenfi, aduerfus Anglicos hoftes noftros, qui dictam ciuitatem obfidione diu conftrictam tenuerunt ; ipfum Guillelmum Compaing, & omnem eius pofteritatem & prolem utriufque fexus, legitime natam feu procreatam, & inpofterum procreandam, ex plenitudine noftræ regiæ poteftatis & de gratia fpeciali nobilitamus, nobilefque facimus, & habiles reddimus ad vniuerfa omnia & fingula quibus cæteri dicti noftri regni nobiles vtuntur ac vti debent & confueuerunt.

« Ayant efté plainement informez de la conftance, refolution
« & courage, à la deffence de noftre ville d'Orleans contre les
« Anglois nos ennemis, qui l'auoient affiegée vn long temps, de
« noftre plaine puiffance & authorité royalle & de grace fpecialle,
« Nous annobliffons Guillaume Compaing & toute fa pofterité,

---

(1) *Tableau généal. mf., fur vélin, de la famille Compaing*, Archives de la Sauffaye, n° 2, férie F.

« tant de l'vn que de l'autre fexe, naiz & à naiftre. Voulons qu'ils
« iouyffent des mefmes priuileges que les autres nobles de noftre
« royaume iouyffent, & ont accouftumé & doiuent iouyr, &c. (1).»
De l'union de Jean Compaing & de Guillemette de la Sauffaye :

> *a.* Magdeleine, femme de Jacques Alleaume, feigneur
> de Belleffart, décédée en 1575.

> *b.* Marie, époufe de Claude de Loynes, feigneur de la
> Royauté, morte en 1597.

5. Jacques, Ier du nom.

6. Marguerite de la Sauffaye, mariée à Guillaume Bourdineau, feigneur de Villemblin, *alias* Villembly. On connoît de ce mariage :

> A. Jacques Bourdineau, feigneur de Villemblin & de Bufly,
> dont l'union avec Anne de Troyes donna naiffance à

>> *a.* Magdeleine, laquelle époufa, le 27 avril 1561, Fran-
>> çois de Beauharnois, écuyer, feigneur de Miriamon, la
>> Chauffée, Sedenay, Outreville, la Grillière, Longuefves
>> & Beaumont, & eut fa fépulture dans l'ancien *Grand-
>> Cimetière* d'Orléans (2), où fe voyoit fon épitaphe.

>> Or, d'Hozier de Sérigny (3) établit, ainfi qu'il fuit,
>> d'après des titres originaux ou généalogiques fournis
>> par la famille de Beauharnois, la defcendance de Fran-
>> çois & l'alliance exiftant entre fa maifon & celle des la
>> Sauffaye : « François de Beauharnois [auteur du VIe
>> « degré] avoit époufé, le 27 avril 1561, Magdeleine

---

(1) *Abbregé de la vie & de la mort de Meffire
Charles de la Sauffaye*, par le fieur de la Saullaye,
pages 13 & 14 de l'édition originale, 10 de la
réimpreffion de 1657 (1857) par L. de la Sauffaye.

(2) Vergnaud-Romagnefi, *Notice Hiftorique
fur l'ancien Grand-Cimetière & fur les cimetières
actuels de la ville d'Orléans*, p. 43.

(3) *Armorial général de France*, v^e regiftre,
t. IX, 2e part.

« Bourdineau, dont la bifayeulle [l'ayeule], Marguerite
« de la Sauffaye, étoit grande-tante de Mathurin de la
« Sauffaye, facré évêque d'Orléans le 4 mars 1564 ; elle
« étoit coufine de Marie Bourdineau, femme de Méric
« de Vic, garde des fceaux de France, & fille de Jac-
« ques Bourdineau, feigneur de Villemblin ou Vil-
« lembly & de Bufly, & de damoifelle Anne de
« Troyes. Elle devint veuve avant le 8 mars 1588,
« & vivoit encore le 9 juin 1593 ; mais elle mourut
« avant le 15 mars 1599. »

François de Beauharnois étoit donc arrière-petit-
fils, dans la ligne maternelle, de Robert de la Sauffaye
& de Perrette le Chaffeur.

De fon mariage, naquirent onze enfants. Le quatrième fut François de Beauharnois, écuyer, feigneur
de la Grillière & de Villechauve, qui continua la defcendance.

François de Beauharnois, auteur du VIIe degré,
eft ancêtre, en ligne directe, d'Alexandre, vicomte de
Beauharnois, premier mari de Joféphine Tafcher de
la Pagerie, devenue plus tard, comme époufe de Napoléon Ier, impératrice des François. Alexandre & Joféphine eurent deux enfants, adoptés l'un & l'autre
par Napoléon : Eugène, vice-roi d'Italie, & Hortenfe,
femme de Louis, roi de Hollande, & mère de Louis
Napoléon, empereur régnant fous le nom de Napoléon III.

Ainfi la famille de la Sauffaye eft l'alliée, par Hortenfe de Beauharnois, de l'Empereur des François, &
par Eugène, fon frère, des maifons fouveraines de Ba-
vière, de Bragance, de Suède & de Ruffie.

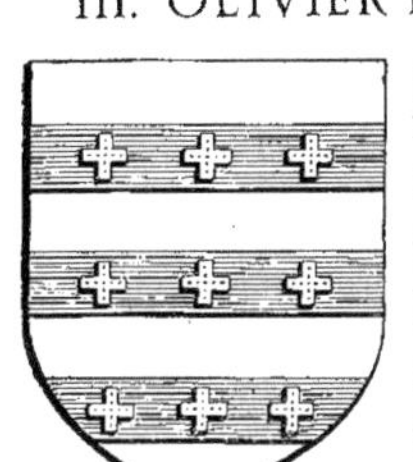

III. OLIVIER DE LA SAUSSAYE, IIᵉ du nom, écuyer, feigneur de Broufolles ou Brefolles (1), de Villefery (2) & d'autres lieux (3), époufa JEANNE PELOQUIN. Ni les archives de la famille de la Sauffaye, ni les recueils héraldiques ne font connaître la carrière fuivie par Olivier II. Ce dut être celle des armes. Elevé dans les camps, fous les yeux de fon père, ce gentilhomme affifta probablement à toutes les guerres de la fin du règne de Charles VII & du commencement de celui de Louis XI. De l'alliance d'Olivier II & de Jeanne Peloquin, cinq enfants :

1. Olivier de la Sauffaye, IIIᵉ du nom, qui eut, de fon mariage avec Jeanne de Bréda, huit enfants :

   A. Jacques de la Sauffaye, IIᵉ du nom, qui occupa de hautes fonctions dans le clergé. Nommé d'abord grand-vicaire de Pontoife, au diocèfe de Rouen, il fut, en 1564, élevé à la dignité de fyndic général de fon ordre à la fuite de la cour. Peu de temps après, il accompagna, dans fon voyage à Rome, le cardinal de Gondy, évêque de Paris, chargé de négocier avec le Pape la vente d'une partie des biens du clergé. Cette miffion, dont le fecret fut bientôt

---

(1) Aliàs *Brezolles*, *Brufolles*, *Bruzolles*, paroiffe de Leftiou, entre Baugency & Blois, du bas lat. *bruciola*, diminut. de *brucia*, confervé par l'épigraphie monétaire des fires de Broffe, & fignifiant *brouffailles*, anciennement *broffes*. (E. Cartier, *Recherch. fur les monnoies au type chartrain*, p. 164; Ducange, *Gloff. med. & infim. latin.*, v° *Brufcia*.) — Les formes diverfes : *Brefolles*, *Bruzolles*, &c., fe retrouvent en vieux françois dans tous les mots de la même famille; ainfi, nos chroniqueurs écrivent indifféremment *Broceliande*, *Brocelande*, *Brécélien*, le nom de cette forêt de Bretagne fameufe par les enchantements de la fontaine Baranton :

Breceliacenfis *monftrum admirabile fontis*,

a dit Guillaume le Breton, liv. VI, vers 534, de la *Philippide*.

(2) *Villefery*, paroiffe de Bacon, en lat. *Villa Frederici*, maifon de campagne de Frédéric. *Fery* ou *Ferry*, contraction de *Fédéric*, pour *Frédéric*, comme *Méry*, ou *Merry*, de *Médéric*, eft donné par nombre de monuments hiftoriques & épigraphiques, notamment par la férie des *Ferry*, ducs de Lorraine. (Cf. F. de Saulcy, *Recherch. fur les monn. des ducs hérédit. de Lorraine*, pp. 19, 20, 32, 50; — De Sourdeval, *Etud. goth.*, pp. 55 & 63.)

(3) *Extr. généal.* de l'abbé Maffon, minutes du notaire Sevin. (Archives de la Sauffaye, n° 6, féric A.)

divulgué, excita contre Jacques l'indignation de fon ordre.
On l'accufa de s'être vendu à la cour & d'avoir trahi fon
mandat dans les négociations ouvertes avec le Saint-Père ;
on alla même jufqu'à mettre en doute la validité de fes
pouvoirs. Bien que fans fondement, ces accufations ne laif-
foient pas d'être inquiétantes ; le retentiffement qui leur fut
donné, leur perfiftance, rendirent la pofition de Jacques très
pénible. C'étoit le temps où, près de convoquer les Etats-
Généraux, Henri III fe faifoit déclarer chef & protecteur
de la *Sainte-Union.*

« Ce prince, dit, dans fon *Hiftoire du château de Blois,*
« M. de la Sauffaye, arrière-petit-neveu de Jacques, croyoit
« recueillir de cet acte, d'une politique toute d'expédients,
« un changement dans les difpofitions des Etats fur la quef-
« tion des finances. Cet efpoir fut trompé. Le clergé, fur-
« tout, fe montroit d'autant moins traitable, que fa grande
« fortune, évaluée au tiers des biens du royaume, devoit
« l'expofer à des demandes plus confidérables. Le roi avoit
« compté fur l'influence du fyndic général de l'ordre *à la*
« *fuite de la cour,* Jacques de la Sauffaye ; mais fon dé-
« vouement à la caufe royale, & furtout la miffion dont il
« avoit été chargé par Henri III auprès du Saint-Siége, pour
« traiter de l'aliénation des biens du clergé, miffion dans
« laquelle on l'accufoit d'avoir facrifié l'intérêt du corps aux
« exigences du roi, excitèrent un fentiment général de dé-
« fiance qui lui fut manifefté dès la première délibération.
« Quoique la juftification de la Sauffaye eût été pleinement
« accueillie par l'affemblée, à la féance du 7 décembre 1576,
« on lui refufa d'affifter aux délibérations avec voix conful-
« tative, & peu après on fupprima la charge de fyndic du
« clergé à la fuite de la cour, afin de couper, difoit-on, la
« racine même du mal (1). »

(1) Pages 233 & 234 de la 4ᵉ édit. — Cf. *Jour-* | *du clergé,* t. V., p. xlviij & fuiv., *ad calc.* ; — *Bio-*
nal de Taix, fᵒ 14 ; — *Procès-verbaux des affemblées* | *graphie univerfelle,* au *Supplément,* p. 173.

Jacques de la Sauffaye, dès lors, ceffa d'apparoître dans l'hiftoire. Ses jours s'achevèrent à Pontoife, dans le paifible accompliffement des devoirs de fon état. Il dut parvenir à une vieilleffe très avancée, puifque des huit frères & fœurs dont il étoit l'aîné, aucun n'exiftoit lors de l'ouverture de fa fucceffion (1). Sa mort fit éclater dans tout fon luftre l'intégrité de fa vie politique. Il avoit amaffé fi peu de tréfors temporels, que fon héritage ne fut accepté, par fes proches, que fous les réferves de droit. Cette indigence honorable ne peut être mife en doute; la preuve en eft fournie par une pièce des archives de la famille, intitulée: *Mémoire du nom & qualitez des héritiers de feu Meffire de la Sauffaye, vivant grand-vicaire de Pontoife, tiré des refultats & ordonnances faites par les procureurs nommés par lefdits héritiers, foubz bénéfice d'inventaire du d. défunct* (2).

B. Jean, feigneur du Fay, qui mourut avant Jacques, fon frère, & fans poftérité, le mémoire des procureurs de la fucceffion bénéficiaire ne l'infcrivant ni lui ni fes hoirs parmi les fept chefs y dénommés & qualifiés.

C. Marguerite, femme de noble perfonne Jean Joffelin, ou Jouffelin, confeiller du roi & maître des comptes ordinaire (3).

D. Olivier, IV° du nom, écuyer, feigneur de Boifemont, près de Pontoife (4), perfonnage affez confidérable de fon temps, étoit tréforier des menues affaires du roi, en 1550, confeiller du roi, fecrétaire de la Chambre, en 1555, tréforier des

---

(1) Il mourut avant le 28 août 1627. (D'Hozier de Sérigny, *Généal. de la maifon de la Sauffaye;* Archiv. de cette maifon, n° 1, férie F.)

(2) Ce Mémoire, qui n'eft point daté, eft une double feuille fur papier oblong, in-4°; il fait partie des Archives de la famille de la Sauffaye fous le n° 1, férie B.

(3) Acte du 13 janvier 1579, dans lequel Marguerite procède, comme mère & tutrice des enfants mineurs d'elle & dudit Joffelin. (Arch. de la Sauffaye, n° 8, férie B.)

(4) *Ceffion de rentes fur l'Hôtel-de-Ville à Philippe Hottmann,* du 17 novembre 1564. (Archives de la Sauffaye, n° 7, férie B.)

menues affaires d'icelle, en 1556 (1), tréforier de la maifon de madame fœur du roi, en 1561. Des pièces officielles, quittances, certificats, &c., délivrées par Olivier, en vertu de fes diverfes fonctions, exiftent au Cabinet des Titres de la Bibliothèque impériale, férie des Titres originaux (2). Parmi ces actes, l'un d'eux m'a paru renfermer fur la comptabilité de la lifte civile du XVI° fiècle, des détails affez curieux; je l'ai placé dans les Pièces juftificatives, n° IIIbis.

Ses fonctions laborieufes près du roi obligèrent Olivier de céder, le 22 juin 1554, les deux charges de greffier en chef de la Chambre des Comptes de Paris & de maître des eaux-&-forêts de France, Champagne & Brie (3), mais fous la réferve du titre de cette dernière, pour ne pas perdre fans doute la preuve de nobleffe qui y étoit attachée (4). Il le conferva fa vie durant. Le 7 juin 1597, il lui eft encore formellement attribué par le contrat de mariage de Marguerite, fa fille, & de Pierre d'Eguillon, fieur de Laage (5), paffé devant Maheu & Robinot, notaires au Châtelet de Paris (6). Tous les généalogiftes de la maifon de la Sauffaye ont ignoré l'époque de la mort de cet homme diftingué. Un inventaire des titres & papiers de la terre de Boifemont, dreffé à la requête de Marguerite le Lieur, fa veuve (7), prouve qu'il décéda peu de jours avant le 21 février 1598,

----

(1) Le titre d'*Argentier du roy* lui eft donné dans le contrat d'acquifition, du 23 août 1557, d'une partie de la terre de Boifemont, mentionné dans l'inventaire des titres de cette terre. (Archiv. de la Sauffaye, férie B, n° 27.)

(2) 1°, en 1550, certificat de paiement de gages de Jacques Pellegrain, chantre ordinaire de la chapelle du roy, par Olivier de la Sauffaye, *tréforier des menues affaires de la chambre du roy*, pièce datée & fignée de la main d'Olivier; 2°, en 1555, certificat femblable pour Jacques de la Chauffée, autre chantre ordinaire, par Olivier de la Sauffaye, *fecrétaire de la Chambre*, pièce datée & fignée du même.

(3) St-Yon, *Des eaux & forêts de France*, liv. Ier, tit. IV, art. 1er.

(4) Id., *ibid.*, tit. XVI, art. 3.

(5) D'Hozier de Sérigny écrit: de Guillon, fieur de l'Aage; je fuivrai déformais cette orthographe, qui eft également celle du Mémoire des procureurs à la ceffion bénéficiaire de Jacques de la Sauffaye.

(6) Extr. fur papier du procès-verbal des preuves de la nobleffe & légitimation de noble Camille-Hippolyte-Annibal de Farée, de l'année 1638. (Cabinet des titres, férie des *Mémoires généalogiques*.)

(7) Archiv. de la Sauffaye, n° 27, férie B.

date de cet acte, au château même de Boisemont dont il étoit déjà propriétaire, pour partie, dès le 23 août 1557 (1).

Il avoit épousé, comme on vient de le voir, Marguerite le Lieur ou le Lievre, issue, à ce que l'on croit, d'une famille noble de Bretagne (2), d'où :

a. Olivier, V^e du nom, mort jeune.

b. Marie, femme de Samuel de Charmont, écuyer, seigneur de Tilly, de Charmont & d'Ecquincourt.

c. Marguerite, mariée en 1597 à Pierre de Guillon, seigneur de l'Aage, maître des requêtes ordinaire de l'hôtel du roi, intendant général du prince de Condé, bailli-juge de Sédan & Raucourt.

d. Olive, épouse de Samuel Aubery (3), seigneur de Beignoux.

E. Nicole, qu'épousa Nicolas des Maillets, seigneur de la Coudraye.

F. Félice, femme du sieur de Neuville, d'où Hélène de Neuville, majeure à l'époque du décès de Jacques, son grand-oncle (4).

G. Louyse, ou Loyse, mariée à Jean de Cossart, seigneur du Brusloys.

H. Hélène, femme de Louis Lefebvre, valet de chambre du roi, receveur des rentes, &c.

I. Marie, épouse de Nicolas de Coulon, d'Orléans.

---

(1) V. p. 10, not. 1.

(2) « La famille *Le Lievre*, en Bretagne, porte « de gueules à une teste de lievre d'or en cœur, « & deux moulettes d'esperon de mesme en « chef. » (Vulson de la Colombière, *Science* *héroïque*, chapitre XXVII, pages 288 & 289.)

(3) *Aubery;* c'est ainsi que signe ce gendre d'Olivier dans l'inventaire des titres du château de Boisemont, que j'ai cité plus haut, p. 10.

(4) Le Mémoire mentionné ci-dessus, p. 9.

2. Jean, IIe du nom, qui continue la defcendance.

3. Marguerite, époufe de Simon Boudet, feigneur de la Boullie, frère de Michel Boudet, évêque-duc de Langres, pair de France en 1512 (1), d'où :

> A. Marie, qui fut mariée en fecondes noces, en 1524, à François de Montholon, garde des fceaux de France.

> B. Jacquette, femme de François l'Alement, feigneur de Marmaigne.

> C. Louife, qui époufa, en 1550, Pierre Seguier, préfident au parlement de Paris, aïeul du chancelier de ce nom.

> D. Une autre Marie, 20e abbeffe de la Guiche, près Blois, décédée le 26 août 1577 (2).

> Par leurs mariages, ainfi que la preuve en reffort de ce qui précède, Marie & Louife Boudet de la Boullie allièrent, dès le XVIe fiècle, la maifon de la Sauffaye aux plus illuftres familles parlementaires de la France : les Montholon, les Seguier, & par celles-ci aux maifons nobles de l'Eftoile, de Bérulle, de Nantouillet, de Refnel (3).

4. Jeanne qui eut de fon union avec François Durant, feigneur de Bignon, bourgeois d'Orléans :

> A. François, feigneur de Bignon.

> B. Michel, feigneur de Malmuffe, aïeul maternel de Jacques de l'Efcornay, l'un des premiers généalogiftes de la famille.

---

(1) La généalogie de Jacques de l'Efcornay & quelques autres documents s'accordent pour donner le nom de Marie à Marguerite, femme de Simon Boudet. Cependant je crois devoir accepter la leçon de d'Hozier, dont le travail eut pour bafes des pièces authentiques fournies par la famille elle-même.

(2) Obituaire manuf. de l'abbaye de la Guiche.

(3) Jacques de l'Efcornay. (*Généalog*. déjà ci-tée.) — Marie Boudet, mariée à François de Montholon, garde des fceaux de France & de Bretagne, fut mère de Marguerite de Montholon, mariée le 26 mars 1538 à Louis de l'Eftoile, préfident aux enquêtes du Parlement de Paris ; d'où Pierre de l'Eftoile, grand-audiencier de France, auteur des Mémoires connus fous le nom de *Journal de l'Eftoile*. (Péan de la Hermandière, *Hift. généal*., p. 181.)

C. Jean, avocat, époux de Marie le Coigneux, de la famille
du préfident de ce nom.

D. Gilles, feigneur de la Foffe.

E. Catherine, femme de Nicolas Hue, feigneur de Charmelles.

F. Olive, femme de Jean Longuet, feigneur de la Giraudière.

G. Jeanne, femme de François Colas, feigneur des Francs.
Poftérité nombreufe, d'où font forties, dit le chanoine
Hubert, les meilleures familles d'Orléans.

5. Catherine, femme de Nicolas Aubelin, feigneur de Fauvelles.

IV. JEAN DE LA SAUSSAYE, Ier du nom, écuyer, feigneur

de Brezolles, des Vaux (1),
de la Roboye & de Verriè-
res (2), floriffoit au commencement du XVIe fiècle. Marié
d'abord, au mois de novem-
bre 1513, avec JEANNE DE
MORVILLIER (3), fille d'Etienne
de Morvillier, feigneur de
St-Lubin, &c., & fœur de Jean de Morvillier, évêque d'Orléans & garde
des fceaux, il époufa en fecondes noces, en février 1538, ROSE DE

---

(1) *Vaux, Vaulx.* Cette propriété, fituée com-
munes de Chitenay & de Seur, doit à la proxi-
mité de la vallée du Beuvron, fon nom formé
du lat. *valles*, plur. de *vallis*, vallée.

(2) *Verrières*, fief de la paroiffe de Vienne-lès-
Blois, vient fans doute du latin *vitriariæ* (*offi-
cinæ*), fabrique de verre, comme *Ferrières* de

ferrariæ, forges à fer. Sur le nom de *Verrières*,
cf. Devoucoux, *Séance générale de la Soc. des mo-
num. hiftoriques* tenue à Autun, an. 1847, p. 357.

(3) *Contrat de mariage*, devant Groffin, notaire
à Blois, du 4 novembre 1513; groffe fur parchemin, & copie collationnée fur papier timbré.
(Archives de la Sauffaye, férie B, n° 6.)

BAILLON (1), d'une famille noble du Bléſois avec qui celle de la Sauſſaye contracta dans la ſuite d'autres alliances. Roſe étoit fille de Pierre de Baillon, vicomte de Caudebec, prévôt général de l'artillerie de France, & de damoiſelle Roſe de Montdoucet. Reſtée veuve avant le 13 juin 1554, elle mourut à Blois dans le cours de l'année 1573.

Du premier lit :

1. Mathurin de la Sauſſaye, ſeigneur de Lion-le-Marchais, de Bru-zolles, de Villedamblin, de Villecoulon & de Guillonville, na-quit en 1513. Ses parents, qui le deſtinoient au ſacerdoce, lui firent donner de bonne heure l'inſtruction convenable à cette profeſſion. A la ſuite d'excellentes études, il fut pourvu d'un bénéfice à Sully &, bientôt après, du prieuré de St-Samſon d'Orléans. Les vertus & les talents qui devoient jeter tant d'éclat ſur ſa vie ſe révélèrent aux yeux de ſes ſupérieurs dès ſon en-trée dans la carrière eccléſiaſtique. L'évêque d'Orléans, ſon oncle, reſſentit particulièrement une grande joie de ſes heureux dé-buts. Forcé, comme garde des ſceaux, de réſider à la cour, le célèbre prélat n'héſita pas à confier au prieur de St-Samſon l'admi-niſtration de ſon diocèſe. Dans ce poſte élevé, Mathurin de la Sauſſaye ſe montra digne de la confiance de ſon oncle. Sa piété, ſa douceur, ſon eſprit conciliant lui gagnèrent l'affection du clergé & la vénération du peuple. Il annonçoit déjà tout ce qu'il devoit être un jour. Jean de Morvillier, alors, réſolut de ſe démettre entièrement de ſon évêché en faveur de ce neveu ſi capable & ſi digne. L'auſoriſation du roi fut accordée en 1564 (2). Mais de rudes épreuves attendoient le nouvel évêque ſur le ſiége vénéré des Aignan & des Euverte. En 1567, peu de temps après ſon inſtallation, un parti de calviniſtes ſurprit la ville d'Orléans (3).

---

(1) *Contrat de mariage*, devant Couſin, notaire & tabellion à Blois, du 26 février 1538; belle copie ſur parchemin. (Mêmes Archives, ſérie B, n° 2.)

(2) Bernier, *Hiſtoire de Blois*, pag. 490.
(3) Id., *ibid.* — Lemaire, *Hiſt. & antiq. de la ville d'Orléans*, t. II (part. eccléſiaſt.), p. 236.—

Le chœur & la nef de Ste-Croix furent abattus, les églifes pillées, les prêtres réduits à fe cacher. Mathurin de la Sauffaye prit le parti de fe retirer à Tours avec fon chapitre. Il y féjourna jufqu'à l'édit de paix de 1568. Lorfqu'il reparut dans fon diocèfe, tout étoit ruine & confufion : la plupart des monuments catholiques, couvents, presbytères, églifes, jonchoient le fol de leurs débris ; privé de fes pafteurs, fon troupeau s'étoit divifé, & beaucoup de familles, jufque-là fidèles, profeffoient ouvertement les dogmes de Calvin & de Luther. Dès lors, le pieux évêque confacra fa fortune & fa vie à réparer tous ces défaftres (1). Ses reffources, celles de fa famille, les libéralités de fes amis furent employées à rebâtir un grand nombre d'églifes. Il parvint même, avec l'aide de la cour, à relever l'autel & le chœur de Ste-Croix (2). Cependant, fes aumônes, fes exhortations, fon noble exemple ramenaient en foule au bercail les brebis égarées. Le choix de fon clergé le furprit au milieu de ce labeur apoftolique, lors des élections pour les Etats-Généraux de Blois, en 1576. Il fiégea dans cette affemblée jufqu'à fa diffolution. A cette époque, n'afpirant plus qu'à la retraite, il fongea férieufement à réfigner fes fonctions épifcopales &, en 1579, propofa fon fucceffeur : c'étoit Denis Hurault, abbé de la Peliffe, ou Pelice, du Breuil & de la Trope, de l'illuftre maifon de Cheverny (3) ; mais cet arrangement n'eut pas de fuite, bien qu'il eût obtenu l'agrément de la reine mère, Catherine de Médicis (4).

Biograph. univerf., fupplément, t. LXXXI, p. 172, col. 2.

(1) Bernier, *Hiftoire de Blois*, pp. 490 & 491 ; — *Biograph. univerf.*, *ibid.* ; — Lemaire, *Hiftoire & antiquitez de la ville d'Orléans, ibid.*

(2) Ch. de la Sauffaye, *Annal. Ecclef. Aurelian.*, p. 660 ; — *Biograph. univerfelle*, t. LXXXI, p. 173.

(3) Mathurin de la Saufffaye étoit l'allié à un affez proche degré de l'abbé de la Peliffe, fa famille s'étant unie plufieurs fois, au commencement du XVIe fiècle, avec celle du chancelier de Cheverny : dans la ligne mafculine, par François de Morvillier, fon oncle, qui époufa Anne Hurault, fille de Jean, feigneur de Belesbat ; dans la ligne féminine, par Michelle Gaillard, époufe de Florimond Robertet, fecrétaire d'Etat & baron d'Alluye, fa coufine, dont le fils François, baron de Brou & de la Guerche, fut marié, en 1530, à Jacqueline Hurault, dame de Mincy, fille de Jean, baron de Veuil. (Du Chefne, *Hift. des Chanceliers & Gardes des fceaux de France*, p. 656 ; — Le Laboureur, *Mémoires de Caftelnau*, t. III, p. 179 ; — *Mémoires d'Eftat du chancelier de Cheverny*, p. 30, *ad calc.*, édit. in-4°.)

(4) *Lettres-patentes* du 26 novembre 1579.

Les jours fi bien remplis de notre bon prélat eurent leur terme en 1584. Le dernier ne le trouva riche que du tréfor de fes bonnes œuvres.

Mathurin de la Sauffaye jouit, en fon temps, de la réputation d'un excellent prédicateur & d'un grand théologien. Le trait diftinctif de fon caractère fut une manfuétude véritablement apoftolique. Remonté fur fon fiége, à la fuite d'une perfécution violente, on ne le vit point ufer de repréfailles ; il bénit & pardonna : auffi lui fut-il donné de guérir les maux caufés à fon pays par la guerre civile. Il avoit afpiré de bonne heure, au toit héréditaire, tous les fouffles de la charité chrétienne ; ils femblent s'exhaler dans cette exhortation fuprême qu'il adreffa de fon lit de mort à Charles de la Sauffaye, fon neveu, alors âgé de 14 ans : « J'entre, lui dit-il, « dans cette voie où aboutit toute exiftence humaine ; je ne fais, « ô neveu bien aimé, fi je dois te revoir. Prends ce volume des « Saintes Ecritures ; lis & relis le chapitre IV de Tobie ; là fe trouve « écrit mon teftament, confignée ma volonté dernière : *Fais l'au-* « *mône de ton bien tous les jours de ta vie ;* & ces paroles, je « te prie, je te recommande de ne les oublier jamais (1). »

La mort de Mathurin de la Sauffaye caufa des regrets unanimes. Son oraifon funèbre fut prononcée par Hugues Burlat, pénitencier de Ste-Croix (2) ; fon épitaphe, en vers latins, compofée par Charles de la Sauffaye (3), fe lit encore au huitième pilier, à droite, du chœur de cette cathédrale ; on y remarque, au dernier vers du troifième paragraphe, le chronogramme de l'année de fa mort. Voici cette épitaphe qui réfume parfaitement la vie du faint prélat :

Belle copie fur parchemin, collationnée par Haudet, confeiller du roi & fecrétaire des finances. (Archiv. de la Sauffaye, n° 17, férie B. — Pièces juftif., n° V.)

(1) *En, inquit, viam univerfæ carnis ingredior, incertus an ultra te fim vifurus, nepos chariffime. En facrorum volumen Bibliorum. Perlege caput IV Tobiæ. Hæ funt mei teftamenti tabulæ, hæc fuprema mea voluntas, quam jubeo toto vitæ tempore fedulum obfervare : Omnibus diebus vitæ tuæ............ ex fubftantia tua fac eleemofynam, &c.* (Ch. de la Sauffaye, *Annales Ecclefiæ Aurelianenfis*, lib. XV, p. 669.)

(2) Bernier, *ibid.*

(3) Ch. de la Sauffaye, *Annales Ecclefiæ Aurelianenfis*, p. 670.

REVERENDISS·IN CHRISTO PATRIS ET DOMINI
D·MATVRINI DE LA SAVSSAYE,
EPISCOPI AVRELIANENSIS
TVMVLVS

QVI IACEO HAC GELIDA TVMVLATVS EPISCOPVS VRNA,
MI NATALE SOLVM BLAESI, TERRA HOSPITA REGVM,
HINC PATER, HINC ET AVVS, LONGO INDE EX ORDINE PATRES:
HINC MATER, MAGNI SOROR ALTERA MORVILIERI,
QVI IPSE INGENS ANIMI, ET STABILIRE NEGOTIA SOLERS
GRANDIA CONSILIIS A REGE VOCATVS AD AVLAM,
AVRELIAE MIHI PONTIFICIS SVA MVNIA LIQVIT

HAERESIS INTEREA BELLVM EXITIALE CIEBAT,
TVRBABATQVE ANIMOS, VIDVABAT CIVIBVS VRBEIS,
SPARGEBAT SCELERVM FLAMMAS, QVEIS VRERET ORBEM:
PROSTRATVM ĀH, REPERI TEMPLVM HOC, ALTARIA, SELLAS,
DIREPTOS CALICEIS SACRA ORNAMENTA, CRVCEISQVE,
SANCTORVM EXVVIAS AVRO ARGENTOQVE REVVLSAS:
HORRIDA VBIQVE FVIT SACRAE IMPIETATIS IMAGO,
QVINETIAM EXCELSOS SVPERABANT RVDERA MONTEIS

AST VBI PARTA QVIES, REPARĀDO IMPENDIA TEMPLO
CŌTVLI, ET EXCISAS STVDVI INSTAVRARIER ARCEIS
CANONICO MECVM SVMPTVS TRIBVENTE SENATV,
DONEC REGALI CONSVRGERET ALTIVS AERE

SEDVCTVM, HEV, POPVLVM, ET PROPÈ RELLIGIONIS AVITAE
EXTORREM FLEVI, ET VERBO EXEMPLOQVE REDVXI,
DOCTORVMQVE, QVIBVS PER ME EST DATA COPIA FANDI.
VNDE VIGINTI ANNOS HOC REXI PASTOR OVILE:
SEPTVAGINTA VNVM TOTOS VIXI ORDINE SOLES

NON OBII, QVI SIC ABII, SED VIVO SVPERSTES,
FOELIX, Ô, NIMIVM, SI ME TVA VOTA LEVASSINT

OBIIT DIE NONA FEBRVARII CIƆ IƆ LXXXIV
REQVIESCAT IN PACE·

BENEFICENTISS·PATRVO SVO AD PEDES HVIVS COLVMNAE SVB
LAPIDE MARMOREO QVIESCENTI CAROLVS DE LA SAVSSAYE
DECANVS HVIVS ECCLAE AVRELIAN · H · M · P (1).

---

(1) Dans les Annales de l'églife d'Orléans, Ch. de la Sauffaye a publié cette épitaphe avec des variantes, affez nombreufes, qui font d'heureufes corrections. (Cf. *Ann. eccl. Aurel.*, p. 670.)

2. Olivier de la Sauffaye, VIe du nom, s'unit avec Marguerite Alleaume, fille de Jacques Alleaume, feigneur de Belleffart, & de
Magdeleine Compaing. J'ai parlé des Compaing à la page 4.
Quant aux Alleaume, leur famille brille aux premiers rangs des
meilleures maifons de robe de l'Orléanois. On cite, au XIVe
fiècle, un Jacques Alleaume, fieur de Belleffart. Deux perfonnages de la même famille, l'un préfident, l'autre lieutenant-général, ont, dans le cours du XVIe fiècle, porté le nom d'Alleaume avec honneur (1).

En leur temps, Jacques Alleaume & Magdeleine Compaing donnèrent, à la voix de Mathurin de la Sauffaye, leur évêque & leur
allié, un rare exemple de piété, de courage & de défintéreffe-
ment. « Ils tefmoignerent bien, dit un honnête & véridique au-
« teur, leur charité & pieté envers Dieu (qualitez vrayement he-
« reditaires à leur maifon), car, encores qu'ils fuffent chargez de
« fept enfans qui leur reftoient de 22, ce néantmoins, ils entre-
« prirent de rebaftir & reédifier à leurs defpens la grande eglife
« des Iacobins & le monaftere que la fureur de ceux de la re-
« ligion pretenduë avoit reduicts en cendres. Et fe porterent à
« l'advancement & perfection de cette faincte & hardie entre-
« prife avec tant de zele, qu'ils furent veus avec leurs enfans por-
« ter la hotte & fervir les ouvriers qui y travailloient. L'ayans
« achevée, chacun s'eftonnant de la grande defpence qu'ils avoient
« faicte, un de leurs amis demandant un jour au mary à quelle
« fomme elle pouvoit revenir, il fit une belle refponce digne de
« luy : Ie n'ay iamais compté avec Dieu, luy dit-il. Il avoit rai-
« fon, car fa feneftre ne favoit pas ce que faifoit fa dextre (2). »

Je reviens à Olivier. Ce gentilhomme mourut jeune, à Tou-
loufe (3), ne laiffant de fon mariage avec Marguerite Alleaume,
qu'un fils âgé de deux ans, Charles qui fuit :

<hr>

(1) *Abbrégé de la vie & de la mort de meffire*
Charles de la Sauffaye, curé de St-Jacques-la-Bou-
cherie, &c., par le fieur de la Saullaye, pp. 7 &
11; Paris, Louis Boulenger, M·DC·XXII.

(2) De la Saullaye, *Abbregé de la vie & de la*
mort de meffire Ch. de la Sauffaye, p. 11; — Ch.
de la Sauffaye, *Ann. ecclef. Aurel.*, p. 343.

(3) *Id., ibid.*, page 16.

A. Charles de la Sauffaye, feigneur de Bruzolles, de Villecoulon, de Lion-le-Marchais, de Villedamblin, de Chantemefle
& des Champs, confeiller-aumônier du roi, docteur en théologie & aux droits, doyen de Ste-Croix d'Orléans, chanoine
de Notre-Dame de Paris & curé de la paroiffe de St-Jacques-
de-la-Boucherie, naquit à Orléans en 1565 (1).

On preffent déjà l'éducation que recevra dans la famille
cet enfant privé fi jeune du foutien paternel. Sa mère, Magdeleine Alleaume, pieufe & charitable femme, l'éleva dans
la pratique de tous les devoirs. Fils unique, appelé à porter un nom diftingué, il reçut d'elle les foins les plus ten-
dres, mais, en même temps, les inftructions les plus profita-
bles. Son premier maître fut un bon & docte religieux. Il
fit fous lui des progrès fi rapides, qu'à l'âge de quatorze ans
fa famille dut l'envoyer à l'univerfité de Paris. Ce fut en prenant congé de l'évêque d'Orléans, fon oncle, malade alors,
qu'il reçut cette dernière recommandation, fi touchante &
fi digne de mémoire, que j'ai rapportée à l'article de ce prélat. Ses études achevées, études brillantes, il fe fit recevoir
avec éclat docteur en droit civil & canon, fuivit quelque
temps le barreau de Paris, pour fe former à la difcipline du
palais, puis fut pourvu par fes parents, qui le deftinoient à la
magiftrature, d'un office de confeiller au grand confeil. L'évêque d'Orléans, qui partageoit leurs vues, s'étoit abftenu de
lui réfigner ou de lui conférer le moindre bénéfice ; il s'étoit
contenté de lui faire porter, prefque dès l'enfance, le nom
de Bruzolles, dont il lui avoit donné la terre. Mais la magiftrature, quelque brillant avenir qu'elle femblât lui pro-
mettre, n'étoit point la carrière ambitionnée par le jeune
Charles. Depuis longtemps, dans le fecret de fon âme, il
nourriffoit le deffein de fe vouer à l'état eccléfiaftique. Il
n'avoit pu fi bien faire, cependant, que fes difpofitions inté-

(1) *Id.*, *ibid.*, p. 5.

rieures ne fe manifeftaffent parfois au dehors. Sa famille chercha tous les moyens de les combattre : ils échouèrent devant fon inébranlable volonté. Après le refus de plufieurs partis avantageux, il accepta de voyager en Italie; mais, loin d'affoiblir fes réfolutions, ce voyage ne fit que les affermir. Il les rapporta dans fa patrie, fortifiées de tout ce qu'avoient pu leur donner d'aliment fa vifite aux lieux fanctifiés par la chaire de faint Pierre, fes pèlerinages dans les villes de la Péninfule illuftrées par les pieufes célébrités de l'Eglife, & furtout fes doctes entretiens avec les éminents cardinaux de ce grand fiècle : les Lenoncourt, les Bellarmin, les Philippe de Néri, &c.

A fon retour, il s'en ouvrit franchement à fa mère. Il s'attendoit à de férieufes objections de la part de cette excellente femme : c'étoient les feules qu'il redoutât pour le fuccès de fes deffeins; mais il vint à bout d'en triompher. Certain, déformais, de ne rencontrer aucune oppofition, il prit le parti de retourner à Paris, pour y étudier la théologie. Peu de temps après, la Sorbonne l'admit dans fon fein; enfin, il fut ordonné prêtre à Orléans par M. de l'Aubefpine, évêque de cette ville. Il accepta d'abord la cure de St-Pierre-en-Sentelle, fur la démiffion de fon vénérable précepteur, à qui fon grand âge ne permettoit plus de gouverner cette paroiffe. Puis, à peu d'intervalle, il fut pourvu, fans l'avoir demandé, d'un canonicat à Ste-Croix. Deux ans après, le 10 août 1598, l'élection du chapitre l'appela aux fonctions de doyen, bien qu'il n'eût que 33 ans. Il y avoit déjà quelque temps qu'il exerçoit les fonctions épifcopales, l'évêque Jean de l'Aubefpine étant mort le 23 février 1596; il les conferva jufqu'en 1604, que la vacance du fiége ceffa par la nomination du neveu de ce prélat, Gabriel de l'Aubefpine. Deux événements remarquables, qui lui donnèrent occafion de manifefter fa piété & fes talents, fignalèrent cette période de fa vie : le premier fut la célébration du jubilé qui fe fit

le 1ᵉʳ novembre 1600; le fecond, la réédification de la nef
de Ste-Croix, dont fon oncle, Mathurin de la Sauffaye, avoit
déjà rétabli le chœur. A cette occafion, Charles entreprit
plufieurs voyages en cour. Ses démarches eurent auprès
du roi très-chrétien une plus heureufe iffue qu'il n'ofoit
l'efpérer. Non content d'affigner les fonds que follicitoit le
zélé doyen, Henri IV, en outre, lui fit connoître fa réfolu-
tion d'aller à Orléans, en compagnie de la reine, *gaigner
le pardon* & pofer la première pierre du monument (1).

Le vainqueur d'Ivry tint parole; la cérémonie eut lieu le
mercredi-faint, dix-huitième jour d'avril 1601, en préfence
d'un peuple innombrable, accouru de tous les points du
diocèfe & des provinces voifines; mais une abfence, impo-
fée par le faint miniftère, empêcha l'auteur des Annales de
recevoir & de haranguer Leurs Majeftés, honneur auquel l'appeloit fa charge d'adminiftrateur du diocèfe. Alors, comme
il le dit lui-même, de l'agrément du roi & fur l'invitation
de l'archevêque & du clergé de Rheims, il prêchoit le ca-
rême dans l'augufte métropole où Clovis reçut le baptême (2). Le difcours d'ufage fut prononcé par Jean Robert, fous-doyen de Ste-Croix; néanmoins, le nom de
Charles de la Sauffaye refte éternellement attaché à la fo-
lennité mémorable qui inaugura l'entier retabliffement de
l'églife cathédrale d'Orléans. C'eft à ce favant homme que
la poftérité doit la belle infcription commémorative, gra-
vée fur une table de marbre appliquée au deuxième pilier de droite de la porte latérale de la nef méridionale, &
tranfcrite, en fon entier, à la page fuivante.

(1) *Abbrégé de la vie & de la mort de Ch. de la
Sauffaye*, déjà cité, p. 54 de l'édit. 1622, & 37
de l'éd. 1657 (1857).

(2) *Tunc nobis abfentibus, qui cum bona regis
venia Remos ieramus illuc ad ecclefiam metropoli-
tanam, ab archiepifcopo & duce Remenfi vocati,
abeundis Quadragefimæ concionibus.* (Annales, lib.
XVI, p. 739.)

POSTERITATI SACRVM·

ANNO PER IESVM CHRISTV̄ REPARATAE SALVTIS MDC DIE
XVIII NOVĒBR. SEPOLTIS BELLORVM CIVILIVM CINERIBVS,
PARTIBVS SVBLATIS PARTA FIRMATAQZ TOTO REGNO PACE, VBI
FESSAE RES IN HENRICVM IIII GLORIOSISSIMVM REGEM CESSERE,
ET LAMĒTABILE REGNVM TOT QVASSATVM IMPETVBVS TAN=
TIS PER ELATA CERVICE REFLORVIT, CLEMENS VIII SVMMVS
PŌTIFEX, PATER ORBIS, ET FRĀCORVM AMOR AD PROMERENDAM
DEI GRATIAM, SVCCIDĒDAS HAERESES, ET ECCLESIAE STABILIĒDA
COLVMINA, IN HAC AVRELIORVM CIVITATE IVBILEVM AD TRES
MENSES INDIXIT, AD QVOD EX ORBE FRANCO, RELIQVIS QVAE [QVF]
TERRARVM PARTIBVS, TOT POPVLORVM GLOBI CONFLVXERE, VT
INNVMEROS HOSPITES VRBE NON CAPIENTE, SACRATISSIMVM
EVCHARISTIAE EPVLV̄, QVOD VIX CREDATVR, QVINGĒTIES MILLE
HOMINIBVS MAGNA OMNIV̄ ADMIRATIONE FVERIT IMPERTITVM

AT VERO IVBILAEI GRATIA PER ALIOS DVOS MENSES PROROGATA, CVM
IDEM REX CHRISTIANISS·AD PERCIPIENDAS ECCLESIAE MATRIS
EVLOGIAS VNA CVM EXCELLĒTISS·CŌIVGE MARIA MEDICEA QVAE
TVM NOBILISS·DELPHINVM LVDOVICVM, PERGRATVM PŌDVS
VTERO GESTABAT, MAGNO PRINCIPVM COMITATV HVC VENISSET
VT ATTIGIT SACRATISSIMAE HVIVS AEDIS LIMINA, PERCVLSVS
ANTIQVISSIMAE ATQVE OLIM GLORIOSISSIMAE ECCLESIAE RVDE=
RIBVS, QVAM CIVILIVM DISCORDIARVM TVRBO ANNO CHRISTI
M·D·LXVII PROSTRAVERAT, IPSAM A FVNDAMENTIS REPA=
RANDAM AC IN MELIOREM FORMAM RESTAVRĀDAM SVSCEPIT,
OCCOEPITQVE REGIA PLANE MVNIFICENTA, PRIMVMQVE LAPIDEM
HVIVS COLVMNAE FV̄ĐAMENTIS MAGNA SPECTANTIVM AVDIEN=
TIVMQZ LAVDATIONE SVBSTRAVIT·ANNO M·DCI·DIE
·XVIII APRILIS.

DECANVS SODALESQVE CANONICI ET OMNE CAPITVLVM
VACANTE EPISCOPALI SEDE, AD CŌSERVANDAM HVIVS FACTI
MEMORIAM SIGNĀDAMQVE PIISSIMI REGIS LIBERALITATEM
H·M·P P

En 1614, le clergé d'Orléans nomma Charles de la Sauffaye fon député aux Etats-Généraux. Vers le même temps,
quelques diffentiments furvenus entre lui & le nouvel évêque, qu'il regardoit peut-être comme occupant une place
qui auroit dû lui appartenir (1), le décidèrent à fe fixer à
Paris. On croit qu'il y fut attiré par la bienveillance particulière que lui avoit témoignée, au fein de l'affemblée des
Etats, le cardinal de Gondy, premier archevêque de la ca-
pitale (2).

Auffi intègre adminiftrateur que prêtre zélé & charitable, l'ancien doyen de Ste-Croix emporta les regrets de
tout le clergé de fon diocèfe. Dès fon arrivée à Paris, il fut
pourvu de la cure de St-Jacques-de-la-Boucherie, l'une
des plus confidérées de cette grande ville. Son premier
foin fut de faire exécuter à l'églife de cette paroiffe des ré-
parations & des embelliffements. On fait, par fon hiftorien, qu'il prenoit plaifir à l'orner de peintures, à la doter
d'objets précieux, & qu'il en fit réédifier avec magnifi-
cence le maître-autel & le tabernacle (3). C'eft probablement à ces travaux, à ces embelliffements exécutés de
1617 à 1620, à la demande de Charles de la Sauffaye, &
prefque tous acquittés de fes deniers, que la ville de Paris
doit la confervation de cette admirable tour de St-Jacques,
l'un des chefs-d'œuvre de notre architecture religieufe. En
même temps, fon zèle pour les pauvres de cette paroiffe lui
fuggéroit l'idée de fonder en leur faveur une confrérie fous
le nom de faint Charles Borromée, pour qui, depuis fon retour d'Italie, il avoit une dévotion toute particulière. Il y
parvint en réuniffant fes efforts & fes dons à ceux de plufieurs de fes paroiffiens, riches & comme lui charitables.

(1) *Biographie univerfelle*, t. LXXXI, p. 75,
fupplem.
(2) La Saullaye, *op. cit. fup.*, p. 56.

(3) *Abbrégé de la vie & de la mort de meffire Ch.
de la Sauffaye*, page 62 de l'édit. 1622, 43 de
l'édit. 1657 (1857).

« Cette affociation, dit un hiftorien, doit plutôt s'appeler
« une adminiftration de charité; plufieurs perfonnes pieufes
« de la paroiffe, voulant fe confacrer au foulagement des
« malades pauvres & honteux, & animées par le zèle de
« M. Charles de la Sauffaye, alors curé, s'unirent à lui pour
« préfenter à M. Henri de Gondy, évêque de Paris, une
« requête tendante à cet effet. La requête eft du 29 mars
« 1617. Elle fut ratifiée (1). »

Tel eft l'empire exercé par la vertu: à peine cette confrérie fut-elle conftituée, que le roi Louis XIII lui accorda
des lettres-patentes, le Pape Paul V des indulgences, & que
les plus célèbres perfonnage, de la cour & de l'Eglife, tinrent
à honneur d'en faire partie. Elle compta dans fes rangs la
reine Anne d'Autriche & le grand faint François de Sales.
Deux autres de fes membres, l'évêque de Belley, le Camus,
& le cardinal Frédéric Borromée, neveu de faint Charles,
l'enrichirent de reliques précieufes, ayant appartenu à ce
faint illuftre (2).

Ces mérites, ces bonnes œuvres devoient concilier à
Charles de la Sauffaye la bienveillance de tous les gens de
bien. Le cardinal de Gondy, qui défiroit le rapprocher de
fa perfonne, l'appela à faire partie du chapitre métropolitain
de Notre-Dame. Mais Charles ne jouit pas longtemps de
cette honorable & paifible dignité; la mort, au mois de
feptembre de la même année, l'enleva à fa famille, à fes
amis, au peuple & au clergé qu'il édifioit. Il mourut dans
les fentiments de piété dont fa vie entière avoit été un fi
parfait modèle. Les regrets que fa perte laiffa s'exprimèrent
dans une foule de compofitions touchantes. Les plus confidérables de ces écrits font:

1° *Abbrégé de la vie & de la mort de meffire Charles*

---

(1) *Effai d'une hiftoire de la paroiffe de St-Jac-*
ques-de-la-Boucherie, par L*** V***, page 123.

(2) *Effai d'une hiftoire de la paroiffe de St-Jacques-*
de-la-Boucherie, ibid.

de la Sauffaye, docteur en théologie, &c., par le fieur de la Saullaye; Paris, in-12, Louis Boulenger, rue St-Jacques, 1622;

2° *Les juftes regrets des bons parroiffiens de St-Jacques-la-Boucherie, à Paris, de la mort de meffire Charles de la Sauffaye leur pafteur*, fans nom d'auteur; Paris, in-12, Jofeph Guerreau & Jean Corbe, rue St-Jacques, 1621.

J'ai emprunté à ces deux ouvrages, pour en enrichir cette notice, bon nombre de renfeignements précieux (1).

Les bornes de cet opufcule ne me permettent pas de donner dans leur entier toutes les épitaphes, élégies, odes françoifes ou latines que fit naître la mort de Charles de la Sauffaye; je ne puis cependant réfifter au plaifir de citer ces ftrophes d'une ode fignée A. Remy; ce font les trois premières & les trois dernières :

Nimphes qui dans les campagnes,
A l'abry des vos bois verts,
Allez, charmant les montagnes
Soubs le doux ton de vos vers ;

Quittez, quittez ce ramage,
Quittez l'efmail de vos prez,
Et, d'un languiffant vifage,
Ornez vos fronts de cyprez.

Que deformais deux rivières,
Ains deux torrens pluvieux
Aillent baignant vos paupières
Et le beau jour de vos yeux.

. . . .

---

(1) L'*Abbrégé* & les *Juftes regrets*, réunis à d'autres pièces par les foins de M. Louis de la Sauffaye, de l'Inftitut, arrière-petit-neveu de Charles de la Sauffaye, & imprimés avec luxe chez Louis Perrin, Lyon 1657 (1857), in-8°, font devenus, dans le goût charmant de la typographie du XVIe fiècle, un recueil auffi intéreffant par le fond que diftingué par la forme.

Maintenant, o belle eftoille,
Puifque des rays de vos yeux,
A defcouvert & fans voile,
Vous voyez Dieu dans les cieux,

Faictes reluire en nos âmes
Et au milieu de nos cœurs
Les beaux rayons & les flammes
De vos premières ardeurs.

Ainfi après la tempefte,
Vainqueurs, puiffions nous un jour
Deffus la voute celefte,
Jouyr d'un mefme féjour.

Et ces deux remarquables épitaphes, l'une latine, de Fl. Bon,
eccléfiaft.; l'autre, françoife, fignée : *Un fien paroiffien :*

Hac tegitur Sauffæus humo : quis funera nefcit?
Sub terra terra eft, mens fuper aftra viget.
Non latet hic virtus, non hic doctrina fepulta eft;
Quod cæli cælo eft, cætera fama tenet.

Paffant, arrefte toy, deftourne le vifage,
Pleure celui qui fut le Phénix de notre aage ;
Tu ne peux regretter rien de plus précieux :
Le Sort qui fait toufjours aux vertueux la guerre,
Jugeant que c'eftoit trop de bonheur à la terre,
A mis icy le corps, & l'ame dans les cieux.

Charles de la Sauffaye fut inhumé dans l'églife St-Jacques.
Son portrait s'y voyoit encore en 1758, de même que fon
épitaphe qui nous a été confervée par Maigret, dans fon
Recueil (1), & par l'auteur de l'*Effai hiftorique fur la paroiffe de St-Jacques-de-la-Boucherie*, dans une notice qu'il
confacre à Charles de la Sauffaye (2) & qui fuit par extraits :

---

(1) Voir ci-deffus, p. xj, & note 3.
(2) *Effai d'une hiftoire de la paroiffe de St-Jac-* | *ques-de-la-Boucherie*, &c., pages 231, 232 &
233.

« 30ᵉ (curé). Mʳᵉ CHARLES DE LA SAUSSAYE........ 1617.
« Docteur en théologie & ès droits. Il étoit d'une fa-
« mille noble, ancienne & bien alliée. On a vu ci-deſſus
« que c'eſt lui qui a procuré l'établiſſement de l'adminiſtra-
« tion de charité. C'eſt vraiſemblablement le portrait de ce
« digne curé que l'on a conſervé aux vîtres de la chapelle
« de St-Charles, où il eſt repréſenté à genoux, & le ſaint
« patron de la Charité debout derrière lui. Il eſt enterré
« dans cette chapelle....... qui eſt la chàpelle de la Charité ;
« il convenoit d'y placer les dépouilles du *père des pauvres*.
« Son épitaphe s'y voit, mais elle eſt maſquée en partie
« par une boiſerie ; je la donne telle que je l'ai trouvée dans
« le *Recueil des tombeaux*. Elle n'a pas été exactement
« levée ; j'ai corrigé certaines fautes par ce que j'en ai pu
« lire ſur le monument :

*Carolus de la Sauſſaye, Aurelianenſis; epiſcopis patruis
clarus; utroque parente nobilis, theologiæ Pariſienſis doc-
tor, eccleſiæ Aurelianenſis diu decanus, cujus annales pu-
blico dedit. Demùm ad eccleſiæ Pariſienſis canonicatum &
hujus baſilicæ curam aſſumptus ; tanti apoſtoli dignus pa-
rochus, concionibus, pietate, miſerorum cura, optimi paſtoris
ſpecimen dedit, adeoque in gregis ſalutem incumbens, in mor-
bum lethalem incidit & occidit die 21 ſeptembris, anni
1621, 56 annos natus.*

Charles de la Sauſſaye ſe diſtingua comme écrivain &
comme orateur. Aucun de ſes ſermons n'eſt venu juſqu'à
nous, mais il reſte de lui deux diſcours :

1° *Oraiſon funèbre du très-auguſte, très-victorieux &
très-chreſtien Henry-le-Grand, roy de France & de Navarre.*
Paris, Rolin Thierry, 1610, in-12, & Robert-Eſtienne &
Pierre Chevalier, 1611, in-8°.

2° *Harangue faite à Orléans à l'illuſtᵐᵉ & excellᵐᵉ duc
de Paſterana, prince d'Emerito, ambaſſadeur de ſa majeſté*

catholique, &c., avec cette épigraphe : *Confiderate lilia quomodo crefcunt* (faint Luc). Ce difcours fait partie des pièces imprimées dans l'édition de 1657 (1857), à la fuite de l'*Abbrégé de la vie & de la mort de Ch. de la Sauffaye* (1). Il n'avoit pas encore été publié & méritoit de l'être. L'auteur s'y élève fouvent à la véritable éloquence, fans donner dans l'emphafe & la recherche qui déparoient alors l'art oratoire.

Charles de la Sauffaye a furtout des droits inconteftables à l'eftime de la poftérité, comme auteur des *Annales ecclefiæ Aurelianenfis*, ouvrage d'une latinité pure, plein d'érudition & de recherches, & d'autant plus précieux pour la province eccléfiaftique d'Orléans, qu'il fut rédigé fur des documents dont plufieurs n'exiftent plus.

A cette œuvre font annexés quatre opufcules, qui en font comme le complément & fe font remarquer par les mêmes qualités.

Le premier : *Vita S. Gregorii archiepifcopi Nicopolis in Armenia, eremitæ in pago Aurelianenfi.*

Le fecond : *Martyrium SS. Agoardi & Gliberti, feu Agliberti, ex manufcriptis ecclefiæ Criftolienfis*, &c.

Le troifième : *Hymnus fanctis Altino martyri, difcipulo Domini, primo Aurelianorum epifcopo; Saviniano & Potentiano, archiepifcopis Senonum & fociis eorum martyribus,* &c.

Le quatrième : *Notitia beneficiorum diœcefis Aurelianenfis.*

Il n'exifte de ces cinq ouvrages qu'une feule édition, publiée du vivant de l'auteur, en un fort volume in-4° de 842 pages; Paris, Jerôme Drouart, rue Jacob, 1615.

Dès fon apparition, l'*Hiftoire de l'églife d'Orléans* obtint les fuffrages du monde favant : en France, les deux Ste-Marthe, Severt, Duchefne, Chenu; en Italie, Ciaconius,

____

(1) Voir ci-deffus, p. 24, & la note 2.

Victorellus, Alexander, Brogiottus, &c., s'empressèrent de la citer avec éloge. Le savant annaliste de l'ordre de St-Benoît déclara même que le IVᵉ livre, relatif à la translation des restes de ce grand saint en France, *étoit ce qu'on avoit écrit de meilleur & de plus sensé sur cette matière* (1).

Les autres ouvrages du vénérable doyen de Ste-Croix font :

1° Une *Vie de Marguerite Alleaume*, sa mère ; mais ce monument de la piété filiale de nôtre auteur, & qui fut son premier ouvrage, est introuvable aujourd'hui. — 2° *Brief discours de l'antiquité & de la valeur des indulgences, avec les moyens de les gagner;* Orléans, Olivier Boynard & Jean Nyon, 1603. — 3° *Officium sancti Jacobi apostoli in die & per octavas;* Paris, Rolin Thierry, in-12. Cet office fut composé pour l'église & la paroisse de St-Jacques-de-la-Boucherie. — 4° *Officium in honorem & festum sanctæ Euphemiæ virginis & martyris;* Parisiis, apud Rolinum Thierry, 1613. Cet office, qui contient plusieurs hymnes en l'honneur de sainte Euphémie, est dédié à la maison de Sorbonne. — 5° *Manuel des exercices spirituels de S. Charles Borromée & la pratique d'iceux;* Paris, Joseph Guerreau, 1618, in-16. — 6° *Cor Galliæ exultans ob nolam S. Caroli Borromæi a Mediolano Parisiis transmissam,* auctore Carolo Sausseyo; Parisiis, 1618. — 7° *Règles & statuts pour les sœurs religieuses de l'Hôtel-Dieu d'Orléans, redigés d'après les conclusions du Chapitre;* Jacques Noyon, Orléans, 1621. — 8° Plusieurs inscriptions & épitaphes : *l'Epitaphe de Michel Violle, abbé de St-Euverte* (2); *l'Inscription en prose latine pour le monument de la Pucelle, sur le pont d'Orléans* (3); *l'Epitaphe de Mathurin de la Saussaye,* son oncle, donnée à l'article de ce prélat, & *l'Inscription*

---

(1) Lemaire, *Hist. & antiq. de la ville d'Orléans,* append., p. 50; — Dom Geron, *Bibliothèque des écrivains de la ville & du duché d'Orléans*; ms.

in-f°, de la collect. de M. Vergnaud-Romagnesi.

(2) Recueil de Violle, 1592.

(3) Recueil imp. à Paris, en 1613 & 1631, in-4°

relative à la reconſtruction de Ste-Croix, donnée à l'article de Charles. — 9° Un catalogue latin des archevêques de Tours, qui fait partie du *Recueil de dom Houſſeau*, ſous le titre : *Catalogus archiepiſcoporum Turonenſium quem certificat Carolus de la Sauſſaye, doct. in theol. & in utr. jur., decanus Aurelianenſis* (1).

Enfin, pour rendre auſſi complète que poſſible cette énumération bibliographique, je dois mentionner un *Monologiæ Sanctorum*, ouvrage que la mort de l'auteur l'empêcha d'achever. Trouvé ſur ſa table, après ſon décès, il a diſparu depuis, ſans laiſſer de traces.

3. Marie de la Sauſſaye, femme de Jean d'Aleſſo, fils d'un neveu de ſaint François de Paule, ſeigneur de Lezeau & d'Eragny, maître des Comptes, &c. Le rare mérite & la grande piété de Mathurin, qui précède, valurent à la maiſon de la Sauſſaye cette alliance avec celle du ſaint ermite de la Calabre. L'union de ces deux nobles & religieuſes familles eſt ainſi établie par Godeſcart :
« En faveur de ceux qui ſouhaitent reconnoître parmi nous les
« parents de l'illuſtre ſaint François de Paule, établie en France,
« nous dirons qu'il étoit fils de Jacques Martorel ou Martotille,
« dit de Salicon, & de Vienne de Fuſcaldo ; qu'il eut une ſœur
« appelée Brigitte, mariée à Antoine d'Aleſſo, ſon couſin iſſu de
« germain & petit-fils de ſa tante maternelle ; que d'Antoine &
« de Brigitte ſont ſortis divers enfants, dont deux vinrent en
« France pour ſuivre leur oncle ; l'un étoit Pierre d'Aleſſo qui
« ſe fit religieux de ſon inſtitut ; l'autre, appelé André d'Aleſſo,
« épouſa Jacqueline ou Jacquette Molandrin, dont il eut Jean
« d'Aleſſo, qui de la ſœur de l'évêque d'Orléans, Mathurin de la
« Sauſſaye, nièce de l'évêque Jean de Morvilliers, garde des
« ſceaux de France, eut Michelle d'Aleſſo, mariée à Nicolas le
« Clerc de Courcelles ; Anne, femme d'Olivier le Febvre d'Or-

---

(1) V. le *Cabinet hiſtorique* de M. Louis Paris, aux mois de février & de mars 1859, page 34.

« meffon; François qui époufa Marie de Vigny; André qui époufa
« Marie de Longueil; Magdeleine, femme de Pierre Chaillou ; qui
« tous ont eu des enfants, qui ont vécu fort avant dans le der-
« nier fiècle, hors une fille, nommée Marie d'Aleffo, morte fans
« enfants (1). »

Marie de la Sauffaye fe montra, comme époufe & comme
mère, digne de fon admiffion dans la pieufe famille d'Aleffo.
C'eft le témoignage que fe plaît à lui rendre cette épitaphe mentionnée par un des meilleurs hagiographes dè faint François de
Paule (2) :

D · O · M

*Nobiliff. Joanni d'Aleffo Blefenf., Andreæ d'Aleffo D.
Francifci a Paula ex forore nepotis, filius dum vixit bonis gratiff.
morum comitate, ingenii fuavitate, & animi candore erga omnes
commendatiff. Regiarum rationum magifter vitæ fuæ rationem red-
diturus expiravit 3 feptemb., anno ætatis 59, reparatæ falutis
humanæ 1572. Cujus memoriam Maria Sauffaya uxor caftiff. ma-
trona prudentiff. quandiu fuperfuit, coluit religiofiffime. Idib.
fextil. anno ætatis 62 & Chrifti Servatoris 1581, vitam cum me-
liore commutavit & in eodem monumento cum conjuge fuaviffimo,
quo cum feptem luftra unanimiter exegerat, voluit tumulari, re-
lictis quinque liberis, qui parentibus opt. chariff. piiff. ac bene
merentibus ad perpetuam memoriam,*

H · M · P · C · C (3).

Jean d'Aleffo, feigneur de Lezeau & d'Eragny, & Marie de la
Sauffaye eurent fix enfants :

---

(1) Godefcard, *Les Vies des Saints;* Paris, de
Nully, 1704, t. IV, p. 31. (2° jour d'avril, *faint
François de Paule*).

(2) Le P. Hilarion de la Cofte, *Portrait de
faint François de Paule,* p. 309. Paris, Sébaftien
& Gabriel Cramoify, 1655, un volume in-4°.

(3) Le monument fur lequel fe lifoit cette
infcription s'élevoit dans la chapelle du Saint
Nom de Jéfus, en l'églife du couvent de Nigeon-
lès-Paris , dite *Notre-Dame-de-Toutes-Grâces.*

A. Michelle, époufe de Nicolas le Clerc, feigneur de Courcelles & de Boifrideau, lieutenant général au bailliage de
Tours.

B. Anne, femme d'Olivier le Febvre, chevalier, feigneur d'Ormeffon, d'Eaubonne & de Lezeau, confeiller du roi en fes
confeils, & tige de la vertueufe dynaftie parlementaire des
d'Ormeffon.

C. François, feigneur d'Eraigny, confeiller du roi & maître
ordinaire en la Chambre des Comptes de Paris, époux de
Marie de Vigny.

D. André, feigneur du Mefnil, grand-maître des eaux & forêts, époux de Marie de Longueil, fille de Jean de Longueil,
VIIᵉ du nom, confeiller au parlement de Paris.

E. Magdeleine, mariée à Pierre Chaillou, fieur de Martreigny,
fecrétaire du roi & ami du fameux Antoine de Baïf, qui lui
dédia quelques-unes de fes poéfies (1).

F. Enfin, Marie, femme du fieur des Champs, & dont le tombeau fe voyoit encore en 1655 dans l'églife conventuelle du
château royal du Pleffis-lès-Tours (2).

.4. Françoife de la Sauffaye, laquelle époufa François de l'Hofpital,
lieutenant particulier à Bourges (3), d'où ont pris naiffance :

A. Jeanne, femme de Jacques Gaffot, commiffaire des guerres à Bourges.

B. Gabrielle, mariée en premières noces à Guillaume Doullé,

---

(1) Baïf, *Paffetemps*, liv. III.

(2) Le P. Hilarion de la Cofte, ouvrage cité,
p. 314. — La famille de faint François de Paule
eft éteinte. Mais, depuis la mort du dernier des
d'Aleffo, les la Sauffaye & les d'Ormeffon, leurs
repréfentants, ont tenu à honneur de mettre
au nombre de leurs prénoms celui du célèbre

confolateur des derniers jours de Louis XI.

(3) Les l'Hofpital (l'Hôpital, felon d'Hozier),
famille de robe des plus refpectables du Berry,
figurent auffi dans l'échevinage de Bourges ; en-
tr'autres Jean de l'Hofpital, feigneur de Monti-
faux, qui floriffoit avant 1566. (Chaumeau, *Hift.
du Berry*, p. 200.)

contrôleur-général des finances à Bourges, épousa en se-
condes noces (Claude?) Gassot, prévôt de la même ville.

5. Anne de la Sauffaye, mariée avec Adam de Baillon, écuyer, seigneur de Villiers & de Vallance, d'où :

    A. Adam de Baillon, seigneur de Vallance.

    B. Louis, sieur de la Boiffière.

    C. Charles, archidiacre de Baugency & doyen de Meung.

    D. Anne, femme de Jean Jaupître, seigneur d'Eftiolles, tréso-
rier-général de France, en Picardie.

    E. Marie, épouse de Charles de Mautrene, seigneur de Voifins
& de Malaffife.

    F. Marguerite, mariée à meffire Séverin de la Marche, sei-
gneur de la Douardière, *alias* Douadière.

6. Jeanne de la Sauffaye, dont l'union avec Jean de Foucault, seigneur de Rozay, préfident au parlement de Bretagne, a donné
naiffance à :

    A. Jean de Foucault, tréforier de France à Bourges, marié,
en premières noces, à Marie le Lièvre, & en fecondes, à Gabrielle Girard, fille de Jean Girard, seigneur de Runay,
Morthomier & la Salle, confeiller pour le roi, en Berry,
& de Jeanne de Vulcob.

    B. Guillaume, abbé de Chalivoy, grand archidiacre de l'églife
métropolitaine de Bourges.

    C. Marc, capitaine des garnifons de Calais, qui épousa, dans
cette ville, Sufanne de Calonne de Courtebonne.

    D. Jacques, fecrétaire de monfeigneur, frère du roi.

    E. Louis, préfident au bailliage & fiége préfidial de Bourges.

F. Jeanne, femme de Philippe de Sauzay, feigneur de Contremoret, d'où Louis, baron de Contremoret.

7. Olive, religieufe au couvent des filles nobles de la Guiche, près Blois, où elle décéda le 8 juillet 1580 (1).

Du fecond lit :

1. Pierre de la Sauffaye, écuyer, chef de la branche dite des Vaux, feigneur des Vaux, de la Mothe-de-Seur (2) & de la Roboye, remplit avec diftinction, fous Henri III, les fonctions importantes de fecrétaire-interprète en langue germanique & de commiffaire-ordinaire des guerres. Un hommage de la terre de la Roboye, qu'il fit le 30 mai 1570 au baron du Chéray, donne la certitude qu'à cette époque il étoit déjà pourvu de ces deux emplois (3). Il fut chargé de miffions importantes. Ainfi, fur la fin de cette même année 1570, il fit aux frais & pour les affaires de fon fouverain un voyage en pofte à Francfort (4).

Obligé de demeurer près de la cour avec laquelle le mettait en relation fréquente la nature fouvent confidentielle de fes fonctions, Pierre avoit fon domicile à Blois. Cette ville, alors, étoit auffi la réfidence de fon père; Jean Ier avoit dû s'y établir à l'époque de fon mariage avec Jeanne de Morvillier, dont la famille étoit fixée dans le Bléfois dès le XIIIe fiècle. Ce fut Pierre, probablement, qui fit bâtir, à Blois, l'Hôtel de la Sauffaye près la *porte Cloufeaux*. Poffédé par fa famille pendant près de trois cents ans, ce logis offroit en effet tous les caractères du ftyle architectural en honneur fous Henri III (5).

---

(1) *Obituaire de l'abbaye de la Guiche*, manufcrit de la collection de M. L. de la Sauffaye.

(2) Ancien fief du Bléfois.

(3) D'Hozier de Sérigny, *Généalogie*, p. 3.

(4) Quittance de payement du 5 février 1571, exiftant au Cabinet des titres de la Bibliothèque impériale, K-98.

(5) Il eft fitué vis à vis de la cathédrale, mais des conftructions modernes lui ont enlevé la phyfionomie particulière qu'il tenoit du XVIe fiècle; on doit déplorer furtout le remplacement, par un édicule bizarre, de la frife & du fronton doriques qui furmontoient le portail à boffages vermiculés. Cependant, deux petites fenêtres des combles confervent encore le caractère de la conftruction première.

Quoi qu'il en foit, le 7 avril 1573, Pierre figure comme établi à Blois, dans l'acte de don mutuel (donation entre vifs) qui intervint entre lui & Marie de Rochebouet, fa femme (1), &, vingt ans après, en 1593, il fut exempté, en fa qualité de noble, de toute cotifation à l'impôt de cette ville dont il étoit confeiller (2). Mais il continuoit de fervir la cour. En 1576, il recevoit encore du tréfor royal les émoluments attachés à fa place de commiffaire des guerres, ainfi que le témoigne le n° IV des Pièces juftificatives. Les titres de fa double fonction lui font même confervés dans l'hommage qu'il rendit, en 1584, avec Jean de la Sauffaye, fon frère, à damoifelle Marie Guilloreau, dame de la Borde & d'Orgères, des deux tiers du domaine de l'Ardoife qui leur avoient été donnés par Mathurin de la Sauffaye, évêque d'Orléans (3), & dans l'exemption d'impôt de 1593. Suivant d'Hozier de Sérigny, Pierre de la Sauffaye auroit ceffé de vivre avant le 24 décembre 1610, date d'une ceffion de 8,074 l. 19 f. faite par fa veuve à Florymond Savare, feigneur de Villetroche (4), & fon union avec cette dame auroit précédé le 7 février 1580 (5). Il avoit eu de ce mariage :

A. Jean de la Sauffaye, écuyer, feigneur des Vaux, de la Mothe-de-Seur, de la Longuetouche, dans la paroiffe de Lançay, du Petit-Claireau, dans la paroiffe d'Huiffeau-en-Vendômois, du Pleffis-Barthélemy, &c., qui époufa, en premières noces, Suzanne du Pleffis, fille de Lucullus du Pleffis, feigneur de Savonnières (6), & d'Anne du Griffon, dont il n'eut point d'enfants ; puis, par un fecond mariage, damoifelle Jacqueline Dangny, d'où naquit :

---

(1) Archiv. de la Sauffaye, n° 12, férie B.

(2) Regift. municip., de Blois, ann. 1593.

(3) Cet acte de foi & hommage, en date du 2 juin, eft une très belle copie fur parchemin. (Mêmes archiv., n° 22, férie B.)

(4) D'Hozier de Sérigny, *Généalog.*, p. 4. — Archiv. de la Sauffaye, n° 6, férie C-1.

(5) D'Hozier, *id.*, *ibid.*

(6) C'eft à ce château, fitué dans le Bléfois & l'une des réfidences du comte de Dunois, que Charles d'Orléans, frère du célèbre bâtard, a confacré la chanfon commençant ainfi :

Puifque par deça demourons,
Nous Saulongnois & Beaufferons,
En la maifon de Savonnières.....

(*Poéfies de Ch. d'Orléans*, édit. Guichard, p. 236.)

a. Charles de la Sauffaye, écuyer, feigneur des Vaux & de la Mothe-de-Seur, capitaine au régiment de Normandie, marié à demoifelle Marguerite Ledoux, & dont la poftérité n'eft pas indiquée.

Nota. — J'emprunte ce détail de filiation à Jacques de l'Efcornay & au chanoine Hubert; toutefois, il eft bon de faire obferver que Charles de la Sauffaye, doyen de Ste-Croix, paffe fous filence l'héritier de Jean de la Sauffaye & de Jacqueline Dangny, & que d'Hozier fe contente de faire fuivre l'article de ce Jean, fils de Pierre, de cette mention :

« On trouve un Charles de la Sauffaye, écuyer,
« feigneur des Vaux & de la Mothe, ainfi qualifié dans
« un acte du 22 juin 1673 (1). »

Dès lors, il convient de n'adopter qu'avec une certaine réferve cette filiation, néanmoins très probable.

B. Antoine de la Sauffaye, écuyer, feigneur de la Graphinière, dans la paroiffe de Chemillé en Touraine, & de la Mothe-de-Seur, fervit d'abord dans la compagnie des chevau-légers de la garde du roi; puis, en 1642, fut pourvu de la charge de prévôt des maréchaux de France aux comté de Blois & duché de Vendomois. De fon mariage avec damoifelle Anne le Tourneux, tous les généalogiftes font naître :

a. Simon de la Sauffaye, écuyer, feigneur de Béthune, uni, d'après Jacques de l'Efcornay, à Magdeleine de la Pouftière.

---

(1) Cet acte eft un procès-verbal de recherches de nobleffe fait devant M. le lieutenant-général du bailliage de Blois, à la requête de Ch. de la Sauffaye, feigneur des Vaux, & concernant la maifon de la Sauffaye. Il en eft donné un extrait dans l'Inventaire des titres de nobleffe de cette maifon, par d'Hozier de Sérigny. (Chartrier de la Sauffaye, n° 4, férie F.)— Le procès-verbal d'établiffement des officiers de la haute-juftice de Seur, en 1668, conftate encore que ce fut en faveur de ce même Charles de la Sauffaye, qualifié de meffire, que les dits officiers furent inftallés. (Note manufcrite fur la feigneurie de Seur, délivrée le 21 avril 1780 par L. Guéret, écuyer, feigneur de Seur. — Archives de la Sauffaye, n° 2, férie G.)

« Ce gentilhomme, dit d'Hozier (1), s'étant trouvé
« dans le cas de juftifier de fa Nobleffe à la Cour des
« Aydes de Paris, obtint un Arrêt de cette Cour le
« 19 Janvier 1661, par lequel il fut ordonné que les
« Echevins de Blois feroient appelés, pour articuler
« avec lui fes faits de Généalogie & de Nobleffe & de
« faire preuve tant par titres que par témoins; mais
« les dits Echevins, par acte du 31 du même mois,
« conftituèrent un Procureur pour déclarer en leur
« nom : *qu'ils ne vouloient point obliger ledit fieur de*
« *Bethune d'articuler les faits de fa Généalogie & de*
« *Nobleffe, ni d'en faire preuve, d'autant qu'ils avoient*
« *bonne & parfaite congnoiffance que le dit fieur Simon*
« *de la Sauffaye étoit Noble, & que lui & fes prédécef-*
« *feurs & autres demeurans en la Ville de Blois, qui*
« *portoient le même nom & Armes de la Sauffaye & qui*
« *étoient fortis de la tige, avoient toujours vécu & vi-*
« *voient encore noblement fans avoir fait aucun acte*
« *dérogeant à Nobleffe.* »

C. Elifabeth de la Sauffaye, mariée à Antoine Gaignet, feigneur de la Rüe, gendarme dans la compagnie du maréchal
de Lavardin.

D. Marie, qu'époufa Charles de la Châteigneraye, chevalier,
feigneur du Fourny & de Rochecot, gentilhomme de la
chambre du roi.

E. Jeanne, qui fut mariée en février 1608 (2) à Florymond Savare, feigneur de Villetroche, du Boifguillot, des Brillon-
nières, &c., chef de gobelet du roi, aide des camps & armées de Sa Majefté, de la maifon noble de Savare, à laquelle

fes traditions prêtent un reflet de la gloire & de la poéfie du Moyen-Age (1).

De ce mariage :

    a. Mathurin Savare, écuyer, feigneur du Boifguillot, gentilhomme fervant du roi & chef de fon gobelet.

    b. Jules, écuyer, feigneur des Bordes, aide des camps & armées du roi, lieutenant au régiment de Normandie.

    c. Marie, époufe de Réné de Niau, feigneur de la Graphinière, gentilhomme fervant & fecrétaire de la Chambre du Roi (2).

2. Jean, que le décès, fans poftérité, de Simon, petit-fils de Pierre, fait regarder par tous les généalogiftes comme chef de la famille & auteur du cinquième dégré; fon article va fuivre.

3. Rofe, mariée, avant le 2 février 1574 (3), à Mre Claude Maillard, feigneur de Saulleux & receveur des tailles de Nemours, & qui ne vivoit plus en 1618.

---

(1) Cette maifon, venue d'Angleterre dans le XVe fiècle, prétendoit remonter, par une filiation non interrompue, à Baudouin Savare, petit-fils de Saladin & fils d'un foudan du Grand-Caire, qui fe convertit au chriftianifme en 1208, pour époufer Marie, fœur de Richard, feigneur de Man. — Un ancêtre maternel des Savare du Moulin eft, en Sologne, le héros d'une légende merveilleufe, dont le fujet rappelle, avec quelques variantes, celle de Thibaut, Ier comte héréditaire de Blois. (Sur cette dernière légende, voir M. de la Sauffaye, *Hift. du château de Chambord*, p. 43.)—L'orthographe du nom de *Savare*

a varié; *Savare* eft bien dans la généalogie manufcrite de cette maifon, mais dans le contrat de mariage de Florymond, ce gentilhomme & tous les membres de fa famille fignent *Savart*, comme l'écrit le notaire rédacteur de l'acte.

(2) La famille de Niau s'eft éteinte à la fin du dernier fiècle dans la perfonne d'Auguftine-Anne de Thibergeau, veuve du marquis de Concerière, en Maine, ainfi qu'il appert d'un arrêt du Parlement de Paris, relatif à la fucceffion de cette dame. (Archives de la Sauffaye, n° 5, férie C-1.)

(3) D'Hozier de Sérigny, *Généalog.*, p. 5.

V. JEAN DE LA SAUSSAYE, IIe du nom, écuyer, feigneur de la Roboye, de Guillonville & de la Hocquetière (1), fecrétaire ordinaire de la Chambre du Roi, fon interprète en langue germanique & commiffaire ordinaire des guerres avant le 7 février 1580, époque de fon mariage (2), maître de la Chambre des Comptes de Blois depuis le 12 mai 1589, mérita, de même que Pierre, l'eftime de Henri III & la confiance de la reine Catherine. Comme fecrétaire interprète & commiffaire des guerres, il prit une part honorable aux affaires générales de fon temps, & fa vie peut offrir, fur quelques parties de l'organifation militaire de la France au XVIe fiècle, plus d'une page intéreffante. Les fonctions dont il étoit pourvu avoient alors une importance qui élevoit leurs titulaires au rang d'agents diplomatiques. Ils fe trouvoient chargés très fouvent de miffions fort délicates. Ainfi, dans l'efpace de temps compris entre le 7 février 1580 & le 26 février 1581, on voit Jean II, par l'ordre de fon fouverain, s'occuper du règlement de tout ce qui concerne les lanfquenets au fervice de la France & traiter, fans intermédiaires, foit avec leurs princes, foit avec leurs chefs, de la levée, de la folde & du licenciement de ces auxiliaires. Le 26 juin 1580, un ordre du roi, daté de St-Maur-des-Foffés, l'envoie en *Allemaigne* traiter d'une levée de 2,000 hommes, qui doivent être prêts au lieu de la *monftre* le 22 juillet fuivant (3). Il a fi bien & fi promptement réuffi dans cette négociation auprès de leur colonel Hans Frederich que, dès le 16 du même mois, il reçoit de la reine Catherine une lettre de félicitation (4); mais le 26 février 1581, un autre ordre de Henri III, venu de St-Germain-en-Laye (5), &, le même jour, des inftructions détaillées, émanées du cabinet de ce

---

(1) *Hocquet-ière*, c'eft à dire habitation de Hocquet. Hocquet, nom d'origine gothique ou normande, dont l'élément fe retrouve dans *Hocquart, Haquart, Achard, Haquin*, &c. (De Sourdeval, *op. laud.*, p. 57), & *ière*, fuffixe emprunté du latin *eria* & indiquant établiffement, demeure.

(2) Voir ci-après, p. 41.

(3) Voir un *Ordre du roi au controlleur-général des poftes*, compris dans les Archives de la Sauffaye, fous le n° 18, férie B.

(4) Pièces juftific., n° VI.

(5) *Id.*, n° VII.

prince, lui prefcrivent de folder l'arriéré de ces 2,000 lanfquenets &
de s'entendre fur le fait de leur licenciement avec leur colonel Hans
Frederich & leurs capitaines particuliers (1). Les termes de la lettre
de Catherine, les détails que renferment les inftructions du 26 février
1581, la confiance que le roi témoigne à Jean de la Sauffaye, dans ces
inftructions & dans fon ordre du même jour, donnent à ces trois pièces
une grande valeur : elles feront inférées en entier parmi celles qui
doivent figurer à la fuite de cette hiftoire. Le lecteur remarquera, dans
le document du 26, avec quelle follicitude Henri III indique les me-
fures qu'il faut prendre pour éviter d'être *à la charge & foule du
pauvre peuple*. (Voir les Pièces juftificatives, nᵒˢ VI à VIII.)

Le 22 février 1589, par lettres-patentes de Henri III, Jean de la
Sauffaye fut pourvu, moyennant une fomme de mille écus, *accordés
par placet du roi*, de l'office de confeiller de Sa Majefté & de maître des
comptes de la Chambre des Comptes de Blois (2). C'étoit une digne
retraite prife après de longs & infignes fervices. Avec Jean II commence
cette dynaftie de grands fonctionnaires de l'ordre adminiftratif & ju-
diciaire, que nous verrons fe continuer pendant plus d'un fiècle dans
la maifon de la Sauffaye (3). Le refte ou, comme on difoit alors, le
demeurant des jours de ce perfonnage, confacré à l'exercice de fonctions nouvelles, à l'acquittement de devoirs féodaux, à l'adminiftration
de biens confidérables pour le temps, ce demeurant n'offre plus de
faits qui fortent des bornes de la vie occupée des gentilshommes de
la robe en province. Plufieurs de fes domaines lui étoient échus comme
donataire de Mathurin, fon frère, qui paroît s'en être deffaifi de fon
vivant. Nous favons déjà qu'il étoit propriétaire à ce titre d'une partie
de la métairie de l'Ardoife (4). Un hommage des 22 juin 1584 & 23
juillet fuivant donne la même origine à fa poffeffion du fief de Guillonville (5). Quant aux terres de la Roboye & de la Hocquetière, il te-

---

(1) Pièces juftific., nᵒ VIII.
(2) Archiv. de la Sauffaye, nᵒ 24, férie B.
(3) Au XVIᵉ fiècle, Olivier, fieur de Boifemont, avoit bien été pourvu de charges affez
élevées dans l'adminiftration, les finances & la

maifon du roi ; mais, après lui, aucun des membres de fa famille n'avoit confervé ces hautes
fonctions.
(4) Voir ci-deffus, p. 35.
(5) D'Hozier, *Généalog.*, p. 5.

noit l'une de Jean Ier, fon père, comme l'apprend l'aveu qu'il en fit, le 12 mai 1598, au baron du Chéray (1), & l'autre, de l'union qu'il avoit contractée, le 7 février 1580, avec *noble fille, dame* JEANNE ALLARD, fille de Jacques Allard, feigneur de Villiers & de la Hocquetière, & de dame Anne Gallois (2). Jean II conferva fes fonctions de maître des Comptes jufqu'à la fin de fes jours. Les archives de fa maifon gardent, de cette époque de fa vie, plufieurs pièces autographes d'une écriture remarquable, entre autres, une quittance fur parchemin, du 12 février 1601, de 85 *efcus pour demy-année de gaigès.* (V. Pièces juftificatives, n° IX.) Mort à Blois le 20 mai 1606, il fut inhumé dans l'églife des Cordeliers de cette ville (3). Sa veuve, qui lui furvécut longtemps, doit être décédée vers la fin de mai 1629, l'inventaire de fes biens ayant été fait le 9 juin de cette année (4).

De leur mariage :

1. Jean dont l'article viendra.

2. Marie, qui fut mariée le 20 avril 1607 à meffire Achille d'Herbelin, écuyer, feigneur de Champigny, de Villegré & de la Morinière, confeiller du roi, receveur-général du taillon en Bretagne, payeur de la gendarmerie de France, enfin, maître de la Chambre des Comptes de Blois, le 16 décembre 1619 (5).

   L'hiftorien Bernier rapporte (6) qu'Achille d'Herbelin & Marie de la Sauffaye fondèrent, dans le faubourg de Blois, appelé aujourd'hui le Bourg-Neuf, le couvent des PP. Minimes de l'Ordre de St-François de Paule (7). Ces religieux regardoient, en effet, les époux d'Herbelin comme les vrais fondateurs de ce monaftère,

---

(1) D'Hozier, *Généalog.*, p. 5.

(2) Contrat de mariage, groffe fur parchemin. (Arch. de la Sauffaye, n° 19, férie B.)

(3) D'Hozier, *ibid.* — *Regiftre des principales fépultures des Cordeliers de Blois*, ms. de la collection de M. L. de la Sauffaye, p. 12.

(4) Archiv. de la Sauff., n° 14, férie C-1.

(5) D'Hozier de Sérigny, *Généalog.*, p. 5.

(6) *Hift. de Blois*, p. 60.

(7) Le portrait d'Achille d'Herbelin, qui décoroit le refectoire des Religieux, a été donné au chef actuel de la famille de la Sauffaye, par Mgr de Sauzin, évêque de Blois, lorfqu'il établit le Grand-Séminaire dans l'ancienne maifon des Minimes. Depuis, une copie de ce portrait, faite par Olivier, l'aîné des enfants de M. de la Sauffaye, de l'Inftitut, a été remife au même Séminaire.

& les archives de la famille poffèdent la copie authentique d'un diplôme latin du général des Minimes, le F. Didac Arias de Valcarcel, qui déclare admettre, pour cette pieufe conftruction, Achille & fon époufe, au nombre des bienfaiteurs de l'Ordre. Mais, en nous apprenant qu'elle s'effectua dans les années 1613 & 1614, l'acte du F. de Valcarcel n'a garde d'oublier que la dame d'Herbelin eft une arrière-petite-nièce de faint François de Paule. Rédigée peu de temps après la confécration, cette pièce porte la date du 31 octobre 1615 & figure aux Pièces juftificatives fous le n° X.

D'après la généalogie de Charles de la Sauffaye, doyen de Ste-Croix, Achille d'Herbelin & Marie de la Sauffaye eurent cinq enfants de leur mariage; ce font, fans autre défignation, Réné, François, Louis, Anne & Marie (1).

3. Françoife, née vers l'an 1587, unie entre 1607 & 1615 à Denis Grofil, écuyer, feigneur de Villemarceau, prévôt provincial des Maréchaux de France à Blois & au duché de Vendomois, & morte fans poftérité vers 1619 (2).

4. Ifabelle ou Elifabeth, qui naquit vers l'an 1590 & décéda, fans être mariée, de 1618 à 1619 (3).

---

(1) *Généalog.*, f° II, col. 2, v°.—En mai 1666, un petit-fils d'Achille d'Herbelin & de Marie de la Sauffaye, François-Charles d'Herbelin de Champigny, étoit élève de feconde & condifciple du célèbre Denis de Ste-Marthe, au féminaire de Pont-Levoy. (*Ext. des Regift. d'entrée* & *de fortie de Pont-Levoy*, communiqué par M. S. Roguet, fous-directeur de l'école actuelle. (Archives de la Sauffaye, n° 15, férie B.)

(2) D'Hozier, *Généalogie de la maifon de la Sauffaye*, p. 5.

(3) Id., ibid., p. 6.

VI. JEAN DE LA SAUSSAYE, IIIe du nom, écuyer, feigneur de la Roboye & de la Hocquetière, fut pourvu le 12 juin 1606, quelques jours après la mort de fon père, de l'office de maître ordinaire de la Chambre des Comptes de Blois. On fait peu de chofes de fa vie qui fut courte. Le 20 avril 1607, fes fœurs & lui firent hommage de la terre de la Roboye à dame Jeanne de Saux, veuve de Réné de Rochechouart, feigneur de Mortemart & baron du Chéray (1). Le 12 août 1618, il époufa damoifelle SUZANNE DE MEULLES, veuve de noble homme Charles Huart, tréforier provincial de l'extraordinaire des guerres en la Généralité d'Orléans, & fille de noble homme Pierre de Meulles, maître ordinaire en la Chambre des Comptes de Blois, & de dame Marthe Bénigne (2). Il mourut, après dix mois de mariage, le 11 juin 1619, & eut, comme fon père, la fépulture au caveau des Morvillier dans l'églife des Cordeliers de fa ville natale (3). Sa veuve, qui vivoit encore le 14 février 1674 (4), fe remaria en troifièmes noces, le 15 novembre 1620, avec Nicolas Chauvel, écuyer, fieur de la Martinière (5). Elle avoit eu de fon union avec Jean III un fils, qui fuit.

(1) D'Hozier, *Généal.*, p. 6.

(2) Contrat de mariage, groffe fur parchemin. (Archiv. de la Sauffaye, n° 8, férie C-1.)

(3) *Regiftre manufcrit des principales fépultures de l'églife des Cordeliers de Blois*, p. 16.

(4) Cette dame figure au contrat de mariage, du dit jour, de Jean-François, fon petit-fils, avec Françoife des Francs. (Mêmes archiv., n° 13, férie C-2.)

(5) Contrat de mariage devant Guaynon, notaire-tabellion à St-Denis-Menard. (Archiv. de la Sauffaye, n° 10, férie C-1.)

VII. JEAN DE LA SAUSSAYE, IVᵉ du nom, feigneur de la

Roboye, étoit donc en très bas âge (1) lorfqu'il eut le malheur de perdre fon père. A partir du jour où Suzanne de Meulles, fa mère, convola en troifièmes noces avec le feigneur de la Martinière, il fut remis à la garde noble de Jeanne Allard, fon ayeule. Il fe trouvoit, le 9 juin 1629, au domicile de cette dame, lorfque l'inventaire des biens qu'elle lui laiffoit fut dreffé à la requête de fon curateur, Mᵉ Réné Daniel, avocat (2). Jean IV grandit fous ces influences diverfes. On doit croire qu'il reçut l'inftruction convenable à fa pofition & qu'il en profita, car il fe montra toute fa vie à la hauteur de fa fortune, & cette fortune fut des plus brillantes.

Fils unique, poffeffeur de tous les biens de la branche aînée de fa maifon, il fit, dès le 28 juin 1638, l'hommage de la terre de la Roboye à Réné de Rochechouart de Montpipeau, baron du Chéray, & le renouvela à Jean-Léonor de Rochechouart, chevalier, marquis de Montpipeau, également baron du Chéray (3). Sa haute capacité ne tarda pas à fe faire jour. Elle attira fur lui les regards de la régente Anne d'Autriche, &, plus tard, lui concilia la conftante faveur de Louis XIV. Le 16 mars 1647, le roi le nomma l'un des maîtres de fon hôtel, « vou- « lant, difent les lettres de nomination, l'approcher de fa perfonne en « charge qui refponde à l'eftime qu'il faifoit de luy (4). » Le 1ᵉʳ feptembre 1651, le petit-fils de Jeanne Allard prêta le ferment de cette charge devant le confeiller-fecrétaire du premier pair & grand-maître des cérémonies de France (5). Le 20 décembre 1650, les motifs honorables, énoncés dans les lettres-patentes du 16 mars 1647, firent ajou-

---

(1) Il étoit né le 16 mai 1619, un mois à peine avant la mort de fon père, fuivant un extrait des regiftres baptiftaires de l'églife de St-Honoré de Blois, délivré le 7 août de la même année.

(2) Deux pièces des Archives de la Sauffaye, nº 14, férie C-1 : un *procès-verbal* dreffé par le lieutenant-général à la requête de Mᵉ Réné Daniel, avocat, le 7 juin 1629, & un *inventaire*

dreffé par le même, à la même requête, le 9 defdits jour & an.

(3) d'Hozier de Sérigny, *Généalog.*, p. 7.

(4) Lettres-patentes, original fur parchemin, revêtu de la fignature autographe & du fceau de Louis XIV. (Archiv. de la Sauffaye, nº 15, férie C-1. Pièces juftif., nº XI.)

(5) Même acte, en marge.

ter à la charge de maître d'hôtel celle de gentilhomme ordinaire de la Chambre; il en prêta le ferment le même jour entre les mains de Louis de Lorraine, duc de Joyeufe, grand chambellan de France (1), &, le 12 feptembre 1653, il s'étoit acquitté des devoirs qu'elle impofoit, comme le témoigne à cette date un certificat approbateur de ce noble perfonnage (2).

Dans tous les actes qui viennent d'être énumérés, Jean de la Sauffaye, IVᵉ du nom, reçoit, le premier de fa race, la qualification de chevalier, confidérable alors, parce qu'elle conftituoit la haute nobleffe.

Les fonctions dont il étoit revêtu étoient une forte d'école d'honneur, fort briguée, où les jeunes gentilshommes cherchoient à l'envi les occafions de fe diftinguer fous le regard du prince. Jean eut le bonheur de les trouver: il fit plufieurs actions d'éclat aux fiéges d'Arras & de Gravelines (3). Auffi, le 26 mars 1652, le roi, pour le récompenfer des fervices qu'il lui avoit rendus, l'éleva à la dignité de confeiller aux confeils d'Etat & privé, direction & finances. Les lettres-patentes qui lui furent délivrées exiftent en original aux archives de la famille (4) : c'eft un parchemin in-fᵒ oblong, revêtu des fignatures autographes de Louis XIV & de fon miniftre Phélippeaux de Pontchartrain; il a le mérite, après deux fiècles, de réfléchir l'opinion du gouvernement de ce monarque fur le titulaire: à ce titre il convient d'en illuftrer cette généalogie. (Voir les Pièces juftificatives, nᵒˢ XI à XIII.)

Ces honneurs, ces dignités n'étoient, pour ainfi dire, que le prélude de la bienveillance du roi à l'égard de Jean IV. Nous allons la voir fe manifefter encore, & à plufieurs reprifes: le 7 mai 1655, le maître d'hôtel du roi, le gentilhomme de la Chambre, le confeiller d'Etat, eft invefti des fonctions d'intendant des turcies & levées des rivières de Loire, Cher, Allier & fleuves y affluant (5), &, le 30 août 1665 (6),

---

(1) Autres lettres-patentes originales. (Arch. de la Sauff., nᵒ 17, férie C-1. Pièces juft., nᵒ XII.)

(2) Certificat fcellé des armes & revêtu de la fignature de L. de Lorraine. (Mêmes archiv., nᵒ 20, férie C-1.)

(3) V. d'Hozier, *Généalog.*, p. 6, & les lettres-patentes du 26 mars 1652, données en entier aux Pièces juftific., nᵒ XIII.

(4) Archiv. de la Sauffaye, nᵒ 19, férie C-1, & Pièces juftific., nᵒ XIII.

(5) *Id.*, nᵒ 21, même férie.

(6) *Id.*, nᵒ 5, férie C-2.

pourvu de la charge de préfident de la Chambre des Comptes de Blois, tréforier de France, général des finances & intendant des bâtiments du comté de Blois; enfin, le 28 août 1682 (1), il reçoit des lettres d'honneur pour ce dernier emploi, après s'en être démis en faveur de Jean-François, fon fils.

Cependant, il avoit eu la fatisfaction d'obtenir, le 2 juin 1660, un arrêt de la Cour fouveraine des Francs-Fiefs, qui lui donnoit mainlevée des faifies faites fur la terre de la Roboye; puis, le 1er mars 1663, un arrêt de la Cour des Aides de Paris, qui le déclaroit *noble & iffu de noble race & lignée* (2). Ces deux déclarations recevoient, le 14 feptembre 1667, une éclatante confirmation de l'ordonnance de maintenue de nobleffe, rendue par M. de Machault, intendant de l'Orléanois, ordonnance dont j'ai eu, plufieurs fois déjà, occafion de parler (3).

Jean IV, en outre, avoit la charge de confeiller de la ville de Blois. Il prit à ce titre une part active à l'organifation de l'hofpice général que fondoit alors, avec l'aide de Gafton & du peuple, l'ingénieufe charité du confeil de ville (4). Nommé de bonne heure à ces fonctions, il les exerça jufqu'à fa mort. En 1677, un témoignage de la faveur de Louis XIV mit à une pénible épreuve le dévouement à la couronne dont, à l'exemple de fes ancêtres, il s'étoit montré conftamment animé. Son arrière-petit-fils, dans fon *Hiftoire de la ville de Blois*, donne de curieux détails fur cet incident de la vie municipale de fon trifaïeul :

« La préfidence des Affemblées communales appartenoit de droit
« au bailli & gouverneur de la ville, &, à fon défaut, au lieutenant-
« général, qui rempliffoit des fonctions analogues à celles des maires

---

(1) Arch. de la Sauffaye, n° 15, férie C-2.

(2) *Id*., n° 4, même férie.

(3) *Id*., n° 4, férie F. (Pièces juft., n° XIV.) — Les Cours inftituées pour décider de l'origine & de la validité des francs-fiefs & des titres de nobleffe, avoient furtout pour but de faire foumettre à l'impôt les familles dont la nobleffe ne pouvoit être prouvée; il falloit donc que le patriciat d'une maifon fût bien conftaté pour qu'elle pût fe fouftraire aux recherches des agents du pouvoir. Mais, auffitôt qu'elle étoit parvenue à établir fa filiation d'une manière authentique, elle acquéroit la jouiffance inconteftable de tous les privilége, honneurs & prérogatives attachés à fon ordre.

(4) Th. Naudin, *Notice fur l'Hofpice Général de Blois*, dans les Mémoires de la Société Académique de cette ville, t. III, pages 429 & fuiv.

« dans d'autres villes. Le roi, pour nommer directement à cette charge,
« ou peut-être pour en créer une nouvelle, donna commiffion à Jean
« de la Sauffaye, préfident de la Chambre des Comptes de Blois &
« confeiller de ville, de préfider les Affemblées communales, *au lieu*
« *& place* du lieutenant-général. Cette atteinte grave aux droits de
« la commune & à ceux du lieutenant-général excita fans doute de
« vives réclamations, car depuis le 23 décembre, date de la commif-
« fion, ni le lieutenant-général, ni le nouveau préfident ne fiégèrent
« jufqu'au 8 février fuivant; le lieutenant particulier les remplaça, &
« le 8 février le lieutenant-général Belot reprenoit fa place (1). »

Il exifte, au chartrier de la famille de la Sauffaye, un recueil de copies de lettres de Jean IV au grand Colbert, toutes relatives à l'en-
tretien des bâtiments du Comté de Blois (2). M. de la Sauffaye, fon
arrière-petit-fils, a fignalé cette correfpondance dans fon *Hiftoire du
château de Chambord* (3). Bien qu'elles foient affez nombreufes, ces
lettres ne m'ont fourni que deux fragments d'une certaine valeur pour
cette notice. L'hiftoire générale peut faire fon profit du premier, qui
nous repréfente Louis XIV, le prince le plus fier de fon fiècle, s'occupant de vulgaires détails de réparation avec l'intendant de fes maifons; quant à l'autre, il nous intéreffe particulièrement, en ce qu'il
nous montre le defcendant du vieil Olivier demeurant à la cour de
fon fouverain, tout le temps qu'elle féjourne fur les rives de la Loire.
J'emprunte ces deux fragments à une même lettre datée de Champ-
bord (*fic*), le 19 octobre 1668 :

« Monfeigneur,

« Sa maiefté partit hier matin à neuf heures, & comme prenant
« congé d'elle, elle m'a commandé de faire refaire le carrelage que
« la foule & le concours du monde auoit défait, & remédier au dé-

---

(1) L. de la Sauffaye, *Hift. de la ville de Blois*,
p. 268 & 269.

(2) Ces copies font prifes dans la collection
des lettres à Colbert, dite des *Volumes verts*, de
la Bibliothèque impériale, & leur recueil eft

porté fous le n° 8, férie C-2, des Archives de la
Sauffaye.

(3) Voir à la p. 71 une note de la 8e édition, ce
bijou typographique forti des preffes de M. Louis
Perrin, imprimeur à Lyon.

« fordre qu'une fi grande quantité de gens ont caufé & apporté à
« cette maifon, &c. . . . .
« Je fuis demeuré ici, Monfeigneur, pour faire travailler au carre-
« lage, &c. »

Jean de la Sauffaye rendit le dernier foupir le 30 octobre 1688.
Un certificat de fépulture, délivré par les eccléfiaftiques de la paroiffe
de St-Solenne, attefte qu'il y fut inhumé le même jour dans les caveaux
de la chapelle St-Pierre dépendant de l'hôtel de la rue Porte-Clou-
feaux & devenue le lieu de fépulture de la famille.

La pofition financière de Jean IV ne répondit pas longtemps à
l'éclat de fes fonctions officielles. Forcé par certaines de fes charges de
fe trouver à l'armée & à la Cour, il fut aftreint à des dépenfes d'honneur & de devoir que nos rois n'acquittoient fouvent que par des dif-
tinctions ou des emplois d'un revenu modique. Auffi, après une longue
& laborieufe carrière confacrée au prince & à l'Etat, il lui arriva, ce qui
arrivoit fréquemment alors dans l'ancienne nobleffe, de fe ruiner à
leur fervice. Sa fucceffion, malgré le nombre & l'importance de fes
biens, fe trouva très obérée, & fes deux filles, Anne & Marie de la Sauffaye, celle-ci femme de Jacques Baudry de la Blandinière, fe virent
dans l'obligation de fe pourvoir par devers le roi pour en obtenir l'autorifation, qui leur fut accordée, de renoncer à la fucceffion de leur
père (1). Cette pièce nous apprend, de plus, qu'il demeuroit *près
de la porte des Cloufeaux* (2). Il occupoit ainfi l'hôtel de la Sauffaye
bâti par Pierre & fitué près de cette porte qui fe voit vis-à-vis
St-Solenne, aujourd'hui la cathédrale (3).

Jean IV avoit été précédé de quelques mois, dans la mort & dans
la fépulture commune, par Marie Viart de Pimel, qu'il avoit épou-
fée, le 3 juillet 1650, veuve de Jacques Martin, écuyer, fieur de Villiers, confeiller du roi, &c. (4). Cette dame, effectivement, étoit dé-

---

(1) Deux pièces : la feconde, qui contient
les lettres-patentes, eft fignée Dagueffeau, &
porte le fceau royal en circ. (Archiv. de la
Sauffaye, n° 20, férie C-2.)

(2) Extrait des regiftres de baptême, mariage

& fépulture de la paroiffe de St-Solenne. (Archiv. de la Sauffaye, n° 8, férie G.)

(3) Voir ci-deffus, p. 34.

(4) La groffe fur. parchemin du contrat de
mariage, paffé à cette date du 3 juillet 1650,

cédée le 12 avril de la même année 1688 (1). Leur union avoit donné naiffance à :

1. Jean-François de la Sauffaye, dont va être fait article.

2. Jofeph-Charles, écuyer, feigneur de Guillonville, nommé enfeigne-colonel du régiment-royal des vaiffeaux, le 4 février 1674, & mort à Gravelines (2).

3. Anne, qui naquit le 25 novembre 1654 (3), ne fut point mariée, hérita de fon père du fief de la Roboye, en fit hommage le 22 août 1689 & 7 avril 1699 (4) & mourut à Blois peu des jours avant le 17 mai 1723, date du partage de fes biens.

4. Marie, époufe, par contrat du 4 juin 1685, de Jacques-Michel Baudry, écuyer, procureur du roi au bailliage & fiége préfidial, Chambre des Comptes, eaux & forêts & maréchauffée de Blois, fils de Michel Baudry, écuyer, feigneur de la Blandinière, & de dame Guillemette Charron. Elle mourut à Blois le 21 avril 1714, âgée de 58 ans & deux mois (5). Du mariage de Marie de la Sauffaye & de Jacques Michel Baudry naquirent onze enfants :

   A. Marie-Anne Baudry, née le 8 janvier 1686, morte le 15 du même mois de l'année 1757.

   B. Catherine, née le 27 juin 1687, morte à Blois, religieufe Véronique, le 27 août 1754.

---

devant Jacques Barthélemy, notaire & tabellion à Blois, fait partie des archives de la Sauffaye fous le n° 15, férie C-1. — La famille Viart de Pimel, originaire des environs de Langres, s'eft alliée, en 1732, aux Clermont-Tonnerre, par le mariage de Virginie Viart de Pimel avec Jacques-Charles de Clermont-Tonnerre, baron de Dancmoine. (Ext. de la filiation de la famille Viart; Archiv. de la Sauff., férie F, n° 9.) Sa devife, *Vivit & ardet*, faifoit allufion au phénix de fes armes; mais elle l'écrivoit de manière à faire reffortir les cinq lettres qui compofoient fon nom : Vɪvɪᴛ ᴇᴛ Aʀᴅᴇᴛ.

(1) Extrait des regiftres de baptême, &c., relaté ci-deffus, note 2, p. 48.

(2) D'Hozier, *Généalog.*, p. 7.

(3) Extrait de baptême du 6 août 1719. (Archiv. de la Sauff., n° 12, férie C-1.)

(4) D'Hozier de Sérigny, *Généalog.*, p. 7.

(5) *Id., ibid.*

C. Michel-Jacques Baudry, né à Blois, le 25 janvier 1689, décédé le 25 novembre 1711.

D. Magdeleine, décédée le 7 septembre 1700, âgée d'environ 10 ans.

E. François-Joseph, chevalier, seigneur de la Blandinière, conseiller du roi en ses conseils, procureur de Sa Majesté en la Chambre des Comptes de Blois, né à Blois, le 21 décembre 1691, marié le 16 décembre 1721 à Thérèse Huet de Bertault, veuve de Guillaume Leroux, écuyer, sieur de Sudès, & fille de François Huet, sieur de Bertault, conseiller du roi aux bailliage & siége présidial de Blois, & de Thérèse Cahu.

F. Elizabeth, baptisée à St-Solenne, sous les prénoms d'*Ursule-Barbe*, le 19 janvier 1693, inhumée dans la même église, le 13 décembre 1703, sous le prénom d'*Elizabeth*.

G. Françoise, née le 9 décembre 1694, & décédée, sans avoir été mariée, le 6 mai 1766.

H. Thérèse, qui naquit le 27 janvier 1696, épousa, le 28 mars 1715, Pierre Rambourg, sieur de la Morinière, chef de gobelet chez le roi, & mourut le 7 janvier 1765, laissant de son mariage :

    a. Pierre Rambourg, écuyer, seigneur de la Morinière, gentilhomme servant chez le roi, époux de Françoise Butel, dont la postérité est rapportée plus loin, p. 55.

    b. Jeanne-Thérèse, née vers l'an 1709, religieuse de l'Hôtel-Dieu de Blois, le 25 novembre 1745 & morte âgée de 52 ans, le 28 février 1771.

I. Marguerite Baudry, née le 14 avril 1697 & morte en bas âge.

J. Hercule-Charlemagne, chevalier, seigneur de Grand-Lay, capitaine au régiment royal-infanterie, chevalier de l'ordre royal & militaire de St-Louis, né à Blois, le 24 juillet 1698, décédé dans la même ville, le 24 octobre 1779, mari de Anne-Eulalie Belot, fille de Guillaume Belot, chevalier, feigneur de Moulins, officier des vaiffeaux du roi, & de Marguerite de Beauchefne. De ce mariage :

    a. Marguerite-Anne Baudry de Grand-Lay, qui naquit à la Motte, paroiffe de Faverolles, le 1ᵉʳ novembre 1746, & époufa, le 7 janvier 1771, François-Hyacinthe de Cholé, chevalier, feigneur de la Joubardière.

    b. Anne, née à Blois, le 25 mars 1747, décédée dans la même ville, le 12 janvier 1812, époufe de Jean-Baptifte Gellée de Beaulieu, écuyer.

    c. Magdeleine, qui reçut le jour à la Motte, le 7 octobre 1754, & fut mariée, le 11 janvier 1786, à Pierre Pinaud, chevalier, feigneur de Bonnefonds, officier au régiment de Lorraine-infanterie, dont la fille unique époufa le vicomte de Poix de Malécreux.

K. François Baudry, né le 12 janvier 1700, mort fans poftérité.

    Toute cette filiation des Baudry eft tirée de la Généalogie manufcrite de la maifon de la Sauffaye, par Péan de la Hermandière.

VIII. JEAN-FRANÇOIS DE LA SAUSSAYE, Ier du nom,

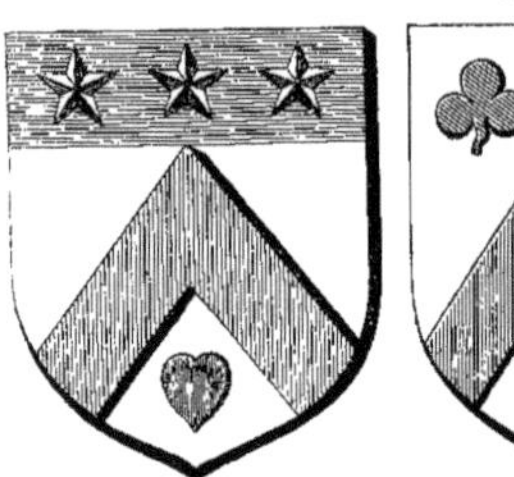

chevalier, feigneur de la Roboye, de la Noue (1), de Guillonville, de Nuifement *aliàs* Nuifmand (2) & autres lieux, confeiller du roi en fes confeils, préfident de la Chambre des Comptes de Blois, tréforier de France, général des finances, intendant des bâtiments du comté de Blois.

Ce gentilhomme n'eut pas l'exiftence brillante de fon père, mais il maintint avec honneur l'éclat de fon nom. Il fut mis en poffeffion de fes charges, le 14 mai 1682, fur la réfignation paternelle (3); obtint, le 10 février 1696, décharge complète du payement des francs-fiefs des commiffaires-généraux nommés à cet effet (4) & fe maria deux fois : la première, le 4 février 1674, avec damoifelle FRANÇOISE DES FRANCS, âgée de 14 ans feulement, fille de Louis des Francs, écuyer, feigneur du Santier, maréchal des logis du roi, & de damoifelle Marie Druillon (5); la feconde, le 15 juillet 1688, avec damoifelle MARIE

---

(1) *La Noue*, rendez-vous de chaffe de Henri III, étoit fituée au bout de la grande allée du château, fur le bord de la forêt de Blois. L'élégance de fa conftruction & la richeffe de fa décoration intérieure, œuvre de Jean Mofnier, peintre bléfois célèbre, ont fait fuppofer qu'elle avoit été élevée par le dernier des Valois. Démolie il y a plus de 30 ans, les panneaux feuls du cabinet du roi ont été vendus 3,000 fr. à un Anglais (L. de la Sauffaye, *Hift. du chât. de Blois*, p. 290, 4e édition.) — Le nom de noue fe retrouve dans l'anc. fr. *nohe, noe, nuhe*, le bas-lat. *noa, noia*, avec le fens de rigole naturelle dans les champs & les bois, de pré ou pâturage arrofé par les eaux qui s'écoulent des terrains fupérieurs, d'amas de joncs ou d'herbes paludéennes. (Ducange, *Gloff.*, *med. & inf. lat.*, v° *Noa*. — Jaubert, *Gloff. du cent.*, v° *Noue*.)

(2) *Nuifement* ou *Nuifmand* eft-il le même nom que *Nuifance* appliqué auffi, dans les provinces du centre de la France, à des habitations rurales? Ecrits *Nuhifement*, *Nuhifmand*, *Nuhifance*, ces termes feroient une défignation emphatique des lieux abondants en *nohes, noes, nuhes, nues*, pâturages humides, plantes aquatiques. Cependant le *Gloffaire du centre* paroît, fans en donner de motifs, les rattacher à *nuifance*, dommage, préjudice, fait du lat. *nocere*, nuire. (V. Jaubert, *Gloff. cit.*, & la note ci-deffus.)

(3) Archives de la Sauffaye, n° 11, férie C-2.

(4) *Id.*, n° 18, férie C-2.

(5) Contrat de mariage de ce jour, devant Nicolas Bourreau, notaire & tabellion royal; groffe fur parchemin. (Mêmes Archives, n° 10, férie C-2.)

Billault de Panchien, fille de noble homme Etienne Billault, fieur de Panchien, & de dame Marie Boutet de la Mourière (1).

Dans plufieurs actes (2), Jean-François Ier eft qualifié de *feigneur du Santier*, du nom d'un fief de la famille des Francs, fitué en Touraine, près d'Amboife ; mais, à la mort de Françoife des Francs, fa première femme, qui ne laiffa point de poftérité, cette qualification ceffa de figurer dans l'énonciation de fes titres.

Le cabinet des titres originaux de la Bibliothèque impériale, année 1712, poffède une quittance de fa main, de la fomme de 240 l. t., pour un femeftre de rente fur l'Hôtel-de-Ville (3). Il ne furvécut pas longtemps à cet acte. En effet, il mourut le 16 mai 1713 & fut inhumé dans le caveau de l'églife St-Solenne (4). Sa feconde femme, Marie Billault, eut la même fépulture, après vingt ans environ de veuvage, étant décédée le 25 avril 1732 (5).

Jean-François eft le premier qui porte, réuni au prénom de Jean, honoré par quatre de fes pères, celui de François. Ce dernier nom de baptême étoit affurément fuivi, dans la penfée des parrains & de la famille, de fon complément, *de Paule*, car fon apparition ne peut trouver fa raifon d'être que dans l'alliance des la Sauffaye avec la maifon de *faint François de Paule*, ainfi que j'en ai fait la remarque, page 32, note 2 de cette hiftoire (6). Il faudroit donc, pour être exact, écrire non feulement *Jean-François-de-Paule Ier*, mais auffi *Jean-François-de-Paule II*, &c.

Quoi qu'il en foit, Jean-François Ier eut de fon fecond mariage :

1. Jean-François, dont l'article viendra.

(1) Contrat de mariage du dit jour, devant Eftevou & fon collègue, notaires garde-notes à Tours. (Mêmes Archives, n° 17, férie C-2.)

(2) Entre autres : des lettres-patentes du 14 mai 1682, une reconnaiffance de Jean IV à fon fils (mêmes Archiv., n° 15, même férie), & un extrait d'échange avec François Phélipeau, chevalier, feigneur des Baux, du 15 juin 1686. (Mêmes Archiv., n° 16, même férie.)

(3) Archiv. de la Sauff., n° 12, férie G (copie).

(4) Extrait des regiftres de baptême, &c., de la paroiffe St-Solenne. (Mêmes Archives, n° 11, même férie.)

(5) *Id., ibid.*

(6) La même obfervation peut s'appliquer au prénom de *Jean* : celui-ci, en effet, ne fe montre, dans les appellations des la Sauffaye, qu'après leur union avec les Morvillier, dont le plus illuftre repréfentant étoit *Jean* de Morvillier, évêque d'Orléans & garde des fceaux.

2. Marie-Catherine, née le 5 août 1694, qui fut mariée en 1726 avec Jean-Baptifte Chevalier, écuyer, feigneur de la Martinière & de Nanteuil, confeiller du roi en fes confeils, avocat-général en la Chambre des Comptes de Blois (1), d'où :

    A. Catherine-Elizabeth Chevalier, née à Blois, le 8 novembre 1727, & décédée le 15 mars 1806, laiffant de fon mariage avec Bernard Herry de Maupas, écuyer, capitaine au régiment de Bourbon-infanterie, fils puîné de Paul Herry, IIe du nom, & d'Anne de Coulanges :

        a. Catherine-Louife-Herry de Maupas, née à Blois, le 28 décembre 1767, & mariée deux fois : en premières noces, à Pierre Cools des Noyers, écuyer, feigneur des Roches, garde-du-corps de Monfieur, frère de Louis XVI, fils de Jacques Cools des Noyers, écuyer, officier des troupes de la Martinique, & de Marie-Françoife de l'Epine ; en fecondes noces, à Antoine de Jobal, écuyer, maréchal des camps & armées du roi.

        Le premier mariage de Louife Herry de Maupas a donné naiffance, en janvier 1787, à Amédée des Noyers, baron de Cools, chef d'efcadron d'état-major de la garde royale, démiffionnaire, par refus de ferment, en août 1830, officier de la Légion d'Honneur, chevalier de St-Louis. Le baron de Cools eft auteur d'une traduction eftimée de la *Vie d'Agricola*, de Tacite, & de plufieurs opufcules fur les Antilles françaifes.

        Du fecond mariage eft iffu, en novembre 1803, Alfred de Jobal, ancien magiftrat, auffi démiffionnaire, par refus de ferment, en août 1830.

    B. Jean-Baptifte Chevalier, feigneur de Caunan, de Boiffelau, Villeneuve, Rhodon & Maves, maréchal des camps & armées du roi, gouverneur de Chandernagor dans le Bengale (2), chevalier de l'Ordre royal & militaire de St-Louis,

---

(1) D'Hozier de Sérigny, *Généalog.*, p. 7. | (2) Copie d'une généalogie en ligne directe

né le 23 mai 1729 & décédé en 1789. Ce gentilhomme avoit épousé damoiselle Marie-Anne Robin d'Aligny de la Tremblaye, fille de Henri-Réné, marquis de la Tremblaye, lieutenant au régiment de Peyre-cavalerie, & d'Anne-Marguerite de l'Aage de Rivaux; il laissa de ce mariage :

> *a.* Anne-Marie-Françoise, née à Chandernagor, en 1776, mariée le 27 juin 1798, à Charles-Gabriel, marquis de Broc, lieutenant-colonel des hussards du Haut-Rhin, chevalier de St-Louis & de la Légion d'Honneur, fils de Charles-Michel, marquis de Broc, seigneur des Perrays, chevalier de St-Louis, lieutenant-colonel du régiment Royal-Champagne, & de damoiselle Emilie de Bongars.

> *b.* Georges-Louis-Armand Chevalier, baron de Caunan, né à Chandernagor le 14 janvier 1778, maître des requêtes au conseil d'Etat, préfet du Var, des Landes & de la Meuse, chevalier de la Légion d'Honneur & de plusieurs Ordres étrangers, marié à Paris, le 24 janvier 1824, dans la chapelle de Madame la duchesse de Berry, au palais de l'Elisée-Bourbon, avec Mademoiselle Elisa-Josephine Oudinot de Reggio, fille du maréchal Oudinot, duc de Reggio. Le contrat de mariage avoit été signé par le roi Louis XVIII & la famille royale.

3. Catherine, femme de Claude Simonnet, écuyer, sieur de Villeneuve, maître de l'hôtel du duc d'Orléans (1), dont la postérité n'est indiquée par aucun titre.

4. Marie-Françoise, épouse de Louis-François Butel, écuyer, maître ordinaire de la Chambre des Comptes de Blois, naquit le 25 avril 1696 (2) & vivoit encore en 1765, époque où elle recueillit,

---

de la dame J.-B. Chevalier, faite sur un mémoire dressé en 1773. (Mém. Arch., n° 2, série D-2.)

(1) Partage des biens de la succession d'Anne de la Sauffaye, du 18 décembre 1724.

(Archives de la Sauffaye, n° 4, série D-1.)

(2) Extrait des regiftres de baptême de l'église paroiffiale de St-Solenne. (Mêmes Archives, n° 11, série G.).

conjointement avec Jean-François II, fon frère, la fucceffion de damoifelle Catherine Boutet de la Mourière; mais alors elle étoit veuve (1). On connoît de fon mariage :

A. Louis-François Butel, né à Blois, en mars 1724, & mort en bas âge.

B. Françoife Butel, qui reçut le jour à Blois, le 7 janvier 1726, & y décéda le 28 août 1804, veuve de Pierre Rambourg, écuyer, feigneur de la Morinière, chef de gobelet du roi, & de Thérefe Baudry. Elle avoit eu de fon mariage :

    a. Françoife-Marie Rambourg, née le 10 août 1750, & mariée, le 18 janvier 1780, à Alexandre Salmon, écuyer, feigneur de la Broffe, chevalier de l'ordre royal & militaire de St-Louis, & mort avant 1814. Une de fes filles époufa le général comte Villatte, dont la poftérité exifte.

    b. Thérèfe, appelée Mademoifelle de la Morinière, née en mai 1754 & décédée à Blois le 1er février 1810.

    c. Françoife, appelée Mademoifelle de la Rouffelière, morte vers 1818, fans avoir contracté d'alliance.

C. Louis-François Butel, IIe du nom, né en février 1728 & décédé, comme fon frère aîné, après une courte exiftence.

D. Louis-Claude, qui naquit le 17 décembre 1730 & eut une vie non moins brève que celle de fes frères.

E. Marie-Anne Butel, née en juillet 1732, & morte jeune.

F. Louis-François, IIIe du nom dans la férie des enfants mâles iffus du mariage de Louis-François Butel & de Marie-Françoife de la Sauffaye (2), écuyer, capitaine-commandant de la compagnie des grenadiers du régiment Royal-

---

(1) Note manufcrite, au bas du teftament de la demoifelle de la Mourière. (Archives de la Sauffaye, n° 7, férie D-1.)

(2) Extrait des regiftres de l'églife paroiffiale de St-Honoré, du 3 feptembre 1783. (Archives de la Sauffaye, n° 11, férie G.) — Péan de la Hermandière, *Généalogie manufcrite*, pp. 91 & 92.

Rouffillon, infanterie, chevalier de l'ordre royal & militaire
de St-Louis, né à Blois, en juillet 1735, dont l'union avec
Magdeleine Bachod de l'Ebat, fille de François Bachod de
l'Ebat, IIIe du nom, écuyer, & de Marie-Anne-Françoife
Drouin de la Broffe, a donné naiffance à :

> *a.* Louis-François Butel, né à Blois, le 28 janvier 1770,
> & décédé, dans la même ville, fans avoir contracté
> d'alliance.

> *b.* Marie-Françoife, née le 25 octobre 1774, mariée, le
> 14 janvier 1794, à François-Guy Rangeard de Vil-
> liers, fils de François Rangeard de Villiers, confeiller
> du roi, &c., & de Catherine-Thérèfe Mahy de Cor-
> meray. Sa fille aînée, Catherine-Thérèfe, née à Ro-
> morantin, le 9 janvier 1799, époufa à Blois, le 30
> décembre 1833, Felix Gaffelin de Bompart, & fa fille
> cadette, Marie-Clémentine, née à Romorantin le 1er
> décembre 1801, fut mariée à Blois, le 14 octobre
> 1822, à Jean-Charles Prévoft de Sanfac, comte de
> Touchimbert, chef d'efcadron adjudant-major au 1er
> régiment de grenadiers à cheval de la garde royale,
> chevalier de la Légion d'Honneur & de St-Jean de
> Jérufalem.

5. Louife, dite en religion fœur Louife-Thérèfe, religieufe à la Vi-
fitation-de-Ste-Marie de Blois. Un certificat délivré le 6 mai 1767,
par la fœur de Menou, fupérieure de cette maifon, attefte que
Louife-Thérèfe y fut reçue comme novice à 18 ans, le 23 mai
1715; qu'elle y fit fa profeffion le 8 juin de l'année fuivante; que,
décédée le 28 octobre 1739, à l'âge de 42 ans & quelques mois,
elle reçut les honneurs de la fépulture dans le caveau du monaftère.

IX. JEAN-FRANÇOIS DE LA SAUSSAYE, IIe du nom,

chevalier, feigneur de la Roboye, de la Noue, de Verrières & autres lieux, naquit le 11 novembre 1702 (1). Deftiné par fa famille à l'état militaire, un brevet du roi, daté du 18 décembre 1724, le fit entrer comme lieutenant dans la compagnie de la Tour du régiment Royal-Rouffillon, infanterie (2). Il y fervit avec diftinction ; mais, en 1733, la mort de fa mère le força de donner fa démiffion. Il emporta les regrets de tout le régiment. Plufieurs certificats émanés des autorités de ce corps & fort honorables pour la mémoire du jeune officier exiftent dans les Archives de fa maifon ; je n'en citerai pas les termes, devant donner place dans ce travail à celui du 15 mai 1772, le plus explicite de tous. (V. les Pièces juftif., n° XV.)

Dans les dernières années de fon fervice, le 17 avril 1730, Jean-François II fit hommage de la terre de la Roboye à Charles-Staniflas de Rochechouart de Montpipeau, baron du Chéray (3), &, vers la fin de feptembre 1732, fe maria avec damoifelle MARIE-ANNE MARESCHAU DE CORBEIL, fille de François Marefchau, chevalier, feigneur de Corbeil & de la Chauvinière, & de dame Marguerite de Réméon.

La groffe de leur contrat de mariage, paffé le 9 feptembre 1732 (4) devant Antoine Serreau & fon collègue, notaires royaux à Blois, eft fuivie d'une remife de titres reçue des mêmes notaires le 6 mars 1733. A ce dernier acte fert comme d'appendice un bref inventaire des meubles garniffant la falle du lieu de Verrières (5), partie de la dot de Marie-Anne Marefchau. C'eft une curieufe defcription des objets dont un honnête gentilhomme bléfois ornoit, au commencement du XVIIIe fiècle, la principale pièce de fa maifon de campagne ; elle peint

---

(1) D'Hozier de Sérigny, *Généalog.*, p. 8.
(2) Archiv. de la Sauffaye, n° 2, férie D-1.
(3) D'Hozier de Sérigny, *Généalog.*, p. 8.
(4) Archiv. de la Sauffaye, n° 3, férie D-1.
(5) Le Verrières, dont il eft ici queftion, eft-

il le même fief que poffédoit, au XVIe fiècle, Jean de la Sauffaye, 1er du nom, & qui feroit entré, par fuite de vente ou d'alliance, dans le domaine des Marefchau, feigneurs de Corbeil & de la Chauvinière ?

à la fois les mœurs du temps & les goûts fimples de ces nombreufes familles nobles auxquelles appartenoit celle des la Sauffaye.

Jean-François II vivoit encore le 22 avril 1765. Ce jour il figne à l'acte de célébration du mariage de Jean-François, fon fils, qui fera relaté à l'article de celui-ci. Quant à Marie-Anne Marefchau, fon époufe, elle mourut le 23 avril 1772, & fut inhumée à St-Solenne dans la fépulture des la Sauffaye (1). De leur mariage font iffus :

1. Jean-François, né & décédé à Blois, le 23 mai 1733.

2. Marie-Anne, née jumelle avec le précédent, le dit jour, 23 mai 1733, décédée le lendemain, 24, & inhumée avec lui à St-Solenne, dans le caveau de la chapelle St-Pierre.

3. Jean-François, chevalier, feigneur de la Roboye, de la Noue & autres lieux, naquit le 26 janvier 1735 (2), fut créé, en 1746, page du roi de Pologne (3), entra, comme enfeigne, au régiment Royal-Piémont, infanterie, le 22 feptembre 1752, devint lieutenant le 31 mai 1754 (4), & fe retira du fervice, en 1761, pour caufe d'infirmités, après avoir fait avec honneur les campagnes des années 1757, 1758 & 1759 & avoir reçu la croix de l'ordre royal & militaire de St-Louis (5).

A peine revenu dans fes foyers, Jean-François époufa damoifelle Louife Herry de Maupas, fille de Paul Herry de Maupas, procureur du roi au fiége préfidial de Blois, & de dame Marie-Louife Seurat, veuve de meffire Cardin de la Haye, chef de nom & d'armes de la Haye de Laré, feigneur de Clamecy (6). En 1769, le 24 juillet, des lettres-patentes du roi lui conférèrent la charge

---

(1) Extrait des regiftres de baptême, &c., de la paroiffe St-Solenne, du 24 avril de la même année. (Archiv. de la Sauffaye, n° 11, férie G.)

(2) Extrait des regiftres de baptême, &c., de la paroiffe de St-Solenne. (Archiv. de la Sauffaye, n° 11, férie G.)

(3) D'Hozier de Sérigny, *Généalog.*, p. 8.

(4) Brevet. (Archives de la Sauffaye, n° 5, férie D-1.)

(5) Certificat du 15 mai 1772. (Mêmes Archives & férie, n° 17.)

(6) Contrat de mariage du 17 avril 1765, devant Rabineau, notaire à Blois. (Mêmes Archives & férie.)

de lieutenant des Chaffes de la Capitainerie de Chambord (1) ; le
14 janvier 1773, la dignité de maire de la ville de Blois (2),
qu'il garda 10 ans. En 1776, il rempliffoit les fonctions de commiffaire à la répartition de la capitation de la nobleffe de l'élection de Blois (3). Il étoit, en même temps, fyndic de la nobleffe
du comté.

Jean-François de la Sauffaye fut un adminiftrateur diftingué.
Blois lui doit la reftauration de fon Hôtel-de-Ville. Il fit démolir
la vieille muraille qui déroboit à la maifon commune l'afpect
riant de la vallée de la Loire, & rebâtir, à la place, la façade qui
borne les quais à l'entrée du Mail (4). Il s'occupa beaucoup auffi
de la viabilité des rues, & le chartrier de fa famille, entre diverfes pièces relatives au mairat de Blois, conferve une lettre dans
laquelle il réclame d'un de fes fubordonnés un procès-verbal du
pavage de la ville, « afin d'obliger fes fucceffeurs à ne pas né-
« gliger de le faire tous les ans (5). »

Le maire de Blois eft le dernier de fa race qui ait fatisfait aux
devoirs impofés par le régime féodal. Le 2 juillet 1766, il rendit
foi & hommage à Meffire François Martial de Verthamont, comme
feigneur de la Pouline, de 75 l. t. de rente foncière à prendre fur
le domaine de Villeroux, fis paroiffe de la Chapelle-Vendomoife.
Deux ans après, le 23 juillet 1768, un acte de même nature vint
clore la férie des aveux du fief de la Roboye rendus aux barons du
Cheray.

La Roboye elle-même, après une poffeffion non interrompue
d'environ quatre cents années, devoit fortir bientôt de la maifon
de la Sauffaye.

Jean-François décéda près de Blois, le 19 octobre 1788, dans
fon domaine de la Croix-des-Pélerins où il s'étoit fixé, & fut

---

(1) Lettres de provifion, du 24 juillet 1769;
preftation de ferment, du 4 août; enregiftre-
ment à la Chambre des Comptes, du 7 feptembre, & leur entérinement, le lendemain, 8.
(Mêmes Archives, nos 12 & 14, férie D-1.)

(2) Archiv. de la Sauffaye, n° 1, férie D-2.
(3) Id., ibid., n° 5.
(4) L. de la Sauffaye, *Hiftoire de la ville de
Blois*, p. 28.
(5) Arch. de la Sauffaye, n° 10, férie D-2.

inhumé le lendemain dans le cimetière de St-Nicolas, fa paroiffe (1).
Il avoit eu de fon mariage avec damoifelle Louife Herry de Maupas :

A. Jean-François de la Sauffaye, qui naquit le 14 mai 1768 (2),
fit, le 7 juillet 1780, fes preuves pour entrer aux Pages du
prince de Condé (3), y fut admis le 15 avril 1781, & en
fortit le 1er juillet 1785 (4). Il obtint alors un brevet d'officier au régiment de Bourbon, placé fous les ordres du marquis de Belzunce, dont il étoit l'ami. Ce corps, en 1789, tenoit garnifon à Caen. Jean-François fut tué dans cette ville,
le 11 août de la même année, dans une émeute populaire où M. de Belzunce perdit auffi la vie. Telle étoit alors
l'effervefcence des paffions politiques, que les camarades
du jeune officier furent obligés de l'inhumer en fecret, afin
de fouftraire fes reftes mutilés aux outrages d'une multitude
en délire (5). Son décès même ne put être officiellement
conflaté ; feulement il en eft fait mention dans un « procès-
« verbal qui fut rédigé le 15 feptembre 1789 par le Comité
« général relatif à la mort de M. de Belzunce & aux fâcheux
« événements qui la précédèrent & fuivirent (6). »

Ainfi finit, à 21 ans, à l'aurore d'un brillant avenir, un
jeune officier qui donnoit les plus belles efpérances.

B. Anne-Louife, née le 24 février 1767, fit fes preuves pour
être admife à la maifon royale de St-Louis-St-Cyr (7) ; le
certificat délivré le 4 mars 1775 par d'Hozier de Sérigny,
juge d'armes de la nobleffe de France, déclare qu'elle a la

---

(1) Extrait des regiftres de baptème & de décès de la paroiffe de St-Nicolas.

(2) Extrait des regiftres de baptème, &c., de la paroiffe de St-Solenne.

(3) Copie collationnée par Corfet & Lormeau, confeillers du roi, notaires au châtelet de Paris, d'un certificat de Chérin, généalogifte de France. (Archiv. de la Sauffaye, n° 7, férie D 2.)

(4) Certificat du marquis d'Autichamp, pre-
mier écuyer du prince de Condé. (Archives de la Sauffaye, n° 15 de la même férie.)

(5) Lettre de M. des Effarts, officier au régiment de Bourbon, du 29 feptembre 1789. (Mêmes Archiv., n° 16, même férie.)

(6) Lettre du maire de Caen à M. de Réméon, du 1er octobre 1814. (Id., ibid.) — Hiftoire de la conjuration d'Orléans, t. II, p. 109.

(7) Certificat en date du 4 mars 1775 (Archiv. de la Sauff., n° 3, férie D-2).

nobleffe néceffaire, *& au de-là*, pour être reçue. Elle époufa, le 15 février 1790, François-de-Paule de la Sauffaye, fon oncle, & mourut à St-Calais le 20 avril 1842.

C. Marie-Marguerite de la Sauffaye, appelée Mademoifelle de la Rabois (1), née le 1ᵉʳ juillet 1769, fit comme fa fœur les preuves exigées pour entrer à la maifon royale de St-Louis-St-Cyr. Elle fut mariée, le 22 janvier 1786, à Chriftophe de Réméon, chevalier, feigneur de Thorigny, capitaine au régiment de Brie-infanterie, chevalier de l'ordre royal & militaire de St-Louis & de l'ordre royal, militaire & hofpitalier de St-Lazare & de Notre-Dame du Mont-Carmel, fils de François-Chriftophe de Réméon, chevalier, feigneur de Thorigny, & de Geneviève-Gabrielle de Pelhuys. Le capitaine Chriftophe de Réméon remontoit à Réméon de Mocquet, plus connu fous le nom du capitaine Mocquet, originaire de Caftel-Jaloux & venu du Béarn en France avec Henri IV (2). Auffitôt après fon mariage, Chriftophe de Réméon fe retira du fervice & vint demeurer à Blois, où il exerça la charge de lieutenant des Maréchaux de France. De 1814 à 1830, il remplit les fonctions de confeiller municipal, & fe retira, par refus de ferment, après la révolution de juillet.

Marie Marguerite de la Sauffaye & Chriftophe de Réméon n'eurent qu'une fille, Aglaé de Réméon, décédée en bas âge, & moururent à Blois : M. de Réméon, le 2 avril 1832, & fon époufe, le 4 feptembre 1851.

4. Guillaume-François, chevalier, feigneur de Verrières, né le 14

---

(1) Cette mauvaife orthographe du nom du fief de la Roboye étoit ufitée depuis la fin du XVIᵉ fiècle.

(2) Le capitaine Mocquet eft célèbre, au XVIᵉ fiècle, par la prife de Vendôme fur les catholiques. Marié dans cette ville, il devint la tige des Réméon de France, qui fe partagea en trois branches : les Réméon de Mocquet, les Réméon de Thorigny, les Réméon de Longuevau, qui ne fubfiftent plus aujourd'hui que par les femmes. Leur dernier repréfentant mâle, Valentin de Réméon de Longuevau, eft mort des fuites d'une bleffure reçue devant Sébaftopol, dans la glorieufe journée du 8 feptembre 1855.

mai 1736. L'acte de célébration de mariage de Jean-François, fon frère, du 22 avril 1765, attefte que le féjour habituel de ce gentilhomme étoit le Bléfois. Il s'y maria, le 22 août 1775, avec damoifelle Marie-Magdeleine Mahy du Pleffis, fille d'Adam-François-Melchior Mahy du Pleffis, écuyer, feigneur de Plainvilliers & de l'Aubépin, & de Magdeleine-Catherine Touzay (1). Il mourut à Blois, fans laiffer de poftérité, le 6 mars 1793, trente-fix ans avant fon époufe, dont le décès arriva le 9 avril 1829, au château de Woëften, près Ypres (Belgique).

5. Ange, qui reçut le jour le 31 août 1738. Le crédit de fa famille, en 1752, fit entrer ce puîné de Guillaume-François dans les Pages du roi de Pologne. Durant fon féjour aux châteaux de Blois & de Chambord, de 1716 à 1735, Staniflas prenoit la plupart de fes pages dans la nobleffe bléfoife. Quand, en cette même année 1735, les événements firent monter cet excellent prince fur le trône de Lorraine, le corps de fes Pages eut toujours, jufqu'à fa mort, arrivée en 1766, quelques places réfervées aux jeunes gentilshommes du comté de Blois; & les maifons nobles de cette petite province s'empreffoient de mettre à profit, pour leurs enfants, la conftante bienveillance de leur royal hôte des rives de la Loire. Ange quitta le fervice du roi de Pologne pour entrer, en qualité d'officier, dans le régiment Royal-Rouffillon, infanterie. Il fe fit remarquer dans ce nouveau corps par toutes les qualités qui font le bon militaire. Mais, en 1768, à la fuite des campagnes de Corfe, l'altération de fa fanté le força de fe retirer à Blois (2), où il mourut le 30 août de la même année, fans avoir été marié.

6. François-de-Paule, né jumeau avec le précédent, & devenu le chef de fa race par la mort de fes frères & du fils unique de fon frère aîné.

---

(1) Péan de la Hermandière, *Hiftoire généalogique*, pp. 81 & 82.

(2) Certificat du 15 mai 1772. (Archiv. de la Sauffaye, n° 18, férie D-1.)

X. FRANÇOIS-DE-PAULE DE LA SAUSSAYE, Ier du

nom, nommé d'abord *le chevalier de la Sauſſaye*, né le 31 août 1738 (1); élevé comme deux de ſes frères aux Pages du roi de Pologne (2), entra, le 10 mai 1758, avec un brevet de cornette, dans le régiment Royal-Piémont, cavalerie; prit part, en cette qualité, aux dernières campagnes de la malheureuſe guerre de ſept ans; devint ſous-lieutenant le 16 avril 1763, & lieutenant le 14 décembre 1768 (3). Deux années après, le 6 juillet 1770, il obtint ſur ſa demande une commiſſion de capitaine d'infanterie dans l'Inde (4) & arriva, dès le commencement de la guerre de l'indépendance américaine, au Bengale, où il reçut le commandement des troupes de Chandernagor, ſous les ordres de ſon couſin, le lieutenant-colonel Chevalier de Caunan, gouverneur de la colonie (5). Le Bengale étant tombé au pouvoir des Anglais, François-de-Paule fut fait priſonnier le 10 juillet 1778 (6). Une lettre qu'il écrit de Garatty, dans les Indes, le 15 ſeptembre, raconte en détail, à Jean-François, ſon frère, ces déplorables événements (7); récit d'autant plus digne de foi, qu'il n'étoit pas deſtiné à franchir l'horizon intime d'une famille. En liſant ces ſimples confidences fraternelles, on ſe ſent profondément ému, tant s'y révèlent purs, déſintéreſſés, héroïques, le courage & le dévouement de ces deux officiers bléſois, à l'heure où la fortune & non l'honneur les abandonne!

Mais l'épouſe du colonel Chevalier y fait éclater ſurtout des ſentiments nobles & élevés qui honorent ſon ſexe & ſa mémoire; en voici quelques extraits:

---

(1) Extrait des regiſtres de baptême, &c., de St-Solenne. (Archiv. de la Sauſſaye, n° 11, férie G.)

(2) D'Hozier de Sérigny, *Généalog.*, p. 8.

(3) Les trois brevets en original. (Archiv. de la Sauſſaye, n° 11, férie D-1.)

(4) Brevet du roi Louis XV. (Mêmes Archiv., n° 15, férie D-2.)

(5) D'Hozier de Sérigny, *Généalog.*, p. 8.

(6) *Récit de tous les événements qui ſe ſont paſſés juſqu'à ce jour, tant dans le Bengale que dans les autres établiſſements françois de l'Inde, en conféquence de la déclaration de guerre annoncée par les Anglois entre la France & l'Angleterre.* (Mémoire manuſcrit de M. Chevalier, gouverneur de Chandernagor. — Archiv. de la Sauſſ., n° 19, férie D-2.)

(7) Archiv. de la Sauſſaye, n° 6, férie D-2.

« Garatty, le 15 feptembre 1778.

« Je t'ai écrit par la voye angloife, le 16 du mois dernier, mon cher
« frère, pour te faire part de la cruelle cataftrophe qui m'a fait prifon-
« nier de guerre le 10 juillet dernier. Dans la crainte que cette let-
« tre ne te foit pas parvenue, je profite de l'occafion qui fe préfente
« (un vaiffeau danois) pour t'écrire celle-cy. Je te marquois, dans ma
« dernière, que notre coufin [le gouverneur Chevalier de Caunan]
« ...eft réfolu, quel que foit le fort qu'on lui apprête, à ne rien figner (il
« s'agit d'une capitulation). Ce feroit en effet foufcrire à fon déshon-
« neur. Il part fous peu de jours pour Calcutta, où il eft vraifemblable
« qu'il fe conftituera prifonnier. Voilà, mon ami, la pofition où fe
« trouve ce digne commandant........; quoiqu'elle m'allarme, je ne
« puis m'empêcher de l'applaudir. La feule chofe qui l'affecte eft fa
« femme & fes deux enfants, dont un à la mamelle. Je ne puis trop
« faire d'éloge de cette parente. Quoique rongée de chagrin du
« parti louable que prend fon mari, elle eft la première à l'y affermir.
Rentré en France, le commandant de la Sauffaye reçut de Louis XVI,
le 31 janvier 1781, la croix de St-Louis. Le roi, au mois d'octobre de
l'année fuivante, adjoignit à cette diftinction une penfion de 400 l., mo-
tivée par les honorables fervices du titulaire dans l'Inde Françoife (1).
Cette penfion venoit fort à propos pour le chevalier de la Sauffaye.
A l'époque de fa captivité, au Bengale, tout ce qu'il poffédoit d'effets
& d'argent avoit difparu. Cette captivité elle-même avoit été, pour
le brave & malheureux officier, une fource de dépenfes ruineufes (2);
fa petite fortune, fruit de dix années de travaux & d'économies, fut
ainfi complétement perdue. Lorfqu'il put enfin revoir fa patrie, fes
moyens d'exiftence fe trouvoient fingulièrement amoindris. La maifon
de la Sauffaye, depuis Jean IVe du nom, avoit ceffé, comme nous
l'avons vu, de joindre les avantages de la richeffe à ceux de la pofi-

---

(1) Lettre de M. le marquis de Caftries, miniftre de la marine, du 15 août 1782. (Arch.
de la Sauff., n° 15. férie D-1.)

(2) Regiftre de lettres & mémoires au miniftre ; manufcrit de François-de-Paule de la
Sauffaye. (Arch. de la Sauff., n° 11, férie D-2.)

tion fociale. Une note placée au bas d'un compte envoyé dans l'Inde par le maire de Blois au chevalier, fon frère, le 9 feptembre 1776, révèle de la façon la plus noble cette fituation précaire de la famille : « Cette caiffe contient (fuit l'énumération de divers objets).... & une « copie de nos partages, par laquelle tu verras qu'il y a peu de fa- « milles honneftes auffy pauvres que nous. Heureufement que les gens « de bien fe contentent de peu. » (V. Pièces juftificatives, n° XVI.)

En 1790, le 25 février, François-de-Paule époufa fa nièce, ANNE-LOUISE DE LA SAUSSAYE, fille aînée de Jean-François II. Bientôt la ré-volution vint achever la décadence financière de fa maifon ; le rem-bourfement, en papier-monnaie fans valeur, des rentes & des offices qui lui reftoient de la fortune de fes pères & la fuppreffion de la pen-fion accordée par Louis XVI forcèrent le chevalier de la Sauffaye à vendre enfin ce vieux domaine de la Roboye, apanage nobiliaire de fa famille depuis Olivier Ier. A fa mort, arrivée le 24 février 1810, il laiffa fon fils unique fans une parcelle de la fortune de fes pères.

Sa veuve lui furvéquit 32 ans, étant décédée le 20 avril 1842, à St-Calais, où elle s'étoit retirée en 1828.

Du mariage de François-de-Paule de la Sauffaye avec Anne-Louife de la Sauffaye, fa nièce :

1. Une fille, morte en naiffant.

2. Jean-François-de-Paule-Louis, chef du XIe degré, né à Blois, le 6 mars 1801 ; aujourd'hui membre de l'Inftitut, recteur de l'Acadé-mie de Lyon, membre du Confeil général de Loir-&-Cher, officier de la Légion-d'honneur, &c., qui, avec fes deux fils, Olivier-Nicolas-Louis & Jean-François-de-Paule-Amédée-Renaud, continue la defcendance.

PIECES JUSTIFICATIVES.

PIECES JUSTIFICATIVES.

I.

Quittance de gages de Guillaume de la Sauçoye, chanoine d'Evreux,
clerc du roi (1).

(1361. — Page ix de l'Introduction & page 1 de l'Hiftoire généalogique.)

ſACHENT tous que Jeu, Guillaume de la Sauçoye, chanoine d'Evreux, clerc du Roy noſtre ſire, & confceiller d'iceluy ſeigneur, commys & eſteu ens es cité (2) & diocèſe d'Evreux & de Normandie (3), ſeur le fait de l'aide & rédempcion d'iceluy ſeigneur, ay eu & reçeu de meſſire Gilles de Jumieges, par la main de Guillaume le Lonbart, ſix flourins d'or frans, ſus mes guages, deſquiex flourins je quitte ledit meſſire Gilles & les promet à faire rabatre au dit Guillaume le Lonbart ſur la ferme du vᵐᵉ du ceil (4), de la ville de Loviers (5). Donné à Loviers ſous mon fcel, le ſamedi iiiᵉ jour de juillet, l'an de grâce mil ccclxj.

(Petite bande de parchemin ; le fcel a été enlevé.)

---

(1) *Bibliothèque impériale, cabinet des titres, ſeſtion des titres originaux, famille de la Sauſſaye.*
(2) *En la cité.*
(3) *En Normandie.*
(4) *Du ſel.*
(5) *La ville de Louviers.*

II.

Lettre de Charles VII en faveur de Robert de la Saussoye,
pourfuivant d'armes du comte de Dunois (1).

(1459. — Page x de l'Introduction & page 3 de l'Histoire généalogique.)

HARLES, par la grace de Dieu, Roy de France. A nos amez & féaulx les généraulx confeilliers fur le fait & gouuernement de noz finances & aux efleuz fur le fait de noz aides en l'élection de Monftieruillier, où à leurs commis, falut & dilection. Savoir vous faifons : que après ce que de la part de Robert [de la] Sauffoye, dit Longueuille, pourfuiuant d'armes de noftre tres chier & amé coufin le conte de Dunoys & de Longueuille, grant chambellan de France, controleur du grenier à fel par nous eftably à Herfleur, nous a efté remonftré que obftant plufieurs charges de voyaiges & cheuauchées que chacun jour lui font baillées & commifes tant pour noz affaires que par noftre dit coufin & autres noz confeilliers & officiers, il ne peut pas ordinairement ne continuellement vacquer en perfonne à l'exercice de fon dit office de controleur dudit grenier, doubtant que pour non réfidence on lui peuft mectre ou donner empefchement en la percepcion de fes gaiges dud. office, ou autrement ou fait d'icellui, requerant fur ce noftre prouifion, Nous, aud. Sauffoye auons pour ces caufes octroyé & octroyons de grâce efpecial, par ces pré-fentes, que par perfonne fouffifant & ydoine & à fes périls & fortunes il puiffe faire exercer fond. office jufques à ung an à compter du premier jour d'octobre dernier paffé, fans ce que pour caufe de non réfidence on lui puiffe ou doye mectre ou donner empefchement en icellui en la percepcion de fefd. gaiges ou autrement. Si vous mandons & à chacun de vous en droit foy que de noz prefentes grâce & octroy vous le faictes, fouffrez & laiffez joir & ufer plainement & paifiblement. Nonobftant reftrinctions ou deffenfes à ce contraires. Donné à Chinon, le dernier jour de feurier, l'an de grâce mil cccc cinquante-neuf & de noftre règne le xxxviij^me .

Par le Roy à la relacion du Confeil,
ouquel les généraulx eftoient.

CHALIGANT.

(Original fur parchemin. — La partie où fe trouvait le fceau a été enlevée.)

(1) Bibliothèque impériale, cabinet des titres, fection des titres originaux, famille de la Sauffuye.

III.

Infcription commémorative des fondations faites par Pierre de Morvillier
à l'églife de St-Laumer de Blois (1).

(XVᵉ fiècle. — Page xiij.)

Feu Pierre de Morvillyer du quel le corps cy
beffous repofe fonda trois meffes eftre célébrées
ppetuelmt en cefte chapelle préfent le couvent
chafcune fepmaine tantoft apres la meffe noftre
dame · lune de requiem a note au lunbi · lautre
du faint efperit a note au mercredi · et la tierce de
noftre dame fans note au venbredi + Jtem fonba
a perpetuité deux torches pour arboir chafcun jour
a la leoacion du corps be Jhefucrift de la grant
meffe be cefte églife jufques ab ce quil foit ufé ·
Jtem fonba fix anniuerfaires a perpetuité eftre
celebrez folenement chafcu an en cefte églife le premier
comaincat le premier jour baouft pour feu Jehan
de Morvillier fon aieul . le fecont le premier jour
boctobre pour feue dame Gile de Morvillier fon
aieule · le tiers le premier jour be becembre pour
feu Jehan be Morvillier fon pére · le · quart le
premier jour be feuvrier pour fa feue mére · le
quint le premier jour bauril pour feue Jehannette
fa fuer et le fiziefme le premier
jour de juing pour le dit
fonbeur . Dieu boint a
tous eulx parabis
Amen.

---

(1) *La table de pierre qui porte cette infcription fe
voyoit autrefois près du tombeau de Pierre de Morvillier,
dans la chapelle de Bonnes-Nouvelles, qui fert aujour-
d'hui de facriftie. On l'a appliquée, il y a peu d'années, fur
le troifième pilier à droite de la grande nef. Le tombeau de
Pierre de Morvillier, detruit en 1793, le reprefentoit
couche, les mains jointes, avec un chien à fes pieds.
Dom Houffeau, dans fon Recueil d'épitaphes, nous a confervé l'infcription de ce tombeau ; elle étoit fans doute en
lettres gothiques. La voici :*

Ici gifent feu pre de Morvillier
jadis bgois de Blois fgr de Cormeray
qui trepᵗ lan 1383 le 20ᵉ jᵣ
de juil. & Jehannette de Morvillier
fa fuer jadis fᵉ de Berthelot
Dommo laqˡᵉ trepᵗ 13ᵉ fexante
3. le 7ᵉ jour de fept. .p. d. p. l. a.

*Au bas, le même écuffon qu'à l'infcription comme-
morative.*

III bis.

Quittance de gages d'Olivier de la Sauffaye, tréforier de la maifon de Madame,
fœur du Roi (1).

(1561. — Page 10 de l'Hiftoire généalogique.)

E Oliuier de la Sauffaye, tréforier de la maifon de madame fœur du Roy, confeffe avoir reçeu comptant de M*e*. Jehan de Baillon, confeiller dud. f*r* & tréforier de fon efpargne, la fomme de fept mil huict cens trente deux liures huit folz. tournois, en iij*c* xl*ti* foleil à l f. p*ce*, iiij*xx* viij *¹* piftollects, à xlviij f. p*ce*, teftons à xij f. p*ce*, ij*m* viij*c* iiij*xx* l. & le refte, douzains, icelle fomme de vij*m* viij*c* xxxij l. viij f. tz. à moi ordonnée par le Roy noftre d. f*r* pour convertir & emploier au faict de mond. office, affavoir ij*m* xxxiij l. xix f. au paiement de la defpenfe de l'efcuirie de lad. dame, iiij*m* ix*c* xxx l. pour les gaiges de fes officiers domefticques, & viij*c* lxviij l. ix f. un d. pour fon ar-genterie. Le tout pour le quartier de juillet, aouft & feptembre m. v*c* lxj dernier paffé. De laquelle fomme de vij*m* viij*c* xxxij. l. viij s. tz. je me tiens contant & bien payé & en ay quicté & quicte led. de Baillon, tréforier fufd. & tous autres. Tefmoing mon feing manuel mis le vingt*me* jour de octobre, l'an mil cinq cens foixante ung.

DE LA SAUSSAYE.

Au dos : *Pour fervir de quictance de la fomme de fept mil huict cens trente deux livres huict folz huict deniers tournois.*

(Original fur parchemin.)

IV.

Quittance de gages de Pierre de la Saulfaye (*fic*),
commiffaire ordinaire des guerres (2).

(1576. — Page 35.)

OUS, Pierre de la Saulfaye, f*r* des Vaulx, commiffaire ordinaire des guerres, confeffons avoir eu & receu comptant de M*e* Eftienne de Bray, confeiller du Roy, fecrétaire de fa chambre & tréforier ordinaire de fes guerres, la fomme de fept vingts dix livres tourn*s* en nels (3) de ij f. vj d. par. (4) à nous ordonnée par led. f*r* pour nos gaiges a caufe de ñre eftat de comm*re* ordin*re* defd. guerres, durant le quartier de juillet, aouft & feptembre dernier paffé, qui eft à raifon de vj*e* l. par chuñ an, de laquelle fomme de vij*xx*x l. je me tiens content & bien payé, & en ay quicté & quicte led. de Bray, tréfor*r* fufd. & tous autres. Tefmoing mon feing manuel cy mis le dernier jour de feptembre mil cinq cens foixante feize.

DE LA SAUSSAYE.

Au bas : l'empreinte à froid de l'écuffon de Pierre de la Sauffaye, tel qu'il eft figuré fur la vignette n*o* 3 du *bandeau* placé en tête de l'Introduction. L'écu eft timbré d'un cafque tourné vers la gauche.

Au dos : DE LA SAUSSAYE. — DE BRAY.

(Original fur parchemin. — Autographe.)

---

(1) *Bibl. Imp., cabinet des titres*, ibid.
(2) *Bibl. Imp.*, ibid.

(3) *Gros de Nefles.*
(4) *Parifis.*

V.

Lettres-patentes de la reine-régente Catherine, autorifant la démiffion de Mathurin de la Saulfaye, en faveur de Denis Hurault, abbé de la Pellice, de l'évêché d'Orléans (1).

(1579. — Page 15.)

UJOURDHUY xv° jour de nouembre lan mil cinq cens foixante dix neuf, la Royne, mere du Roy, ducheffe d'Orléans, eftant à Paris, a accordé, admis & eu pour agréable la Refignãon que M° Mathurin de la Saulfaye, euefque dud. Orléans veult & entend faire dud. euefché en faueur de M° Denis Hurault, abbé de la Pellice & du Breuil & en ce faifant a confenti & confent que led. Hurault foit par le Roy nommé & pñté à ñre St Père le Pape pour fur fa nominãon eftre par Sa Stté pourueu dud. euefché d'Orléans & ou cas que icelluy euefché vaccaft par mort auparauant l'expedition des prouifions de lad. refignãon, lad. dame a pareillement accordé & confenti, confent & accorde que led. Hurault en foit pourueu comme vaccant par mort & que toutes les bulles & prouifions appoftolicques qui pource luy feront requifes & neceffaires luy en foient expediées tant en cour de Rome que par tout ailleurs où befoing fera, fans qu'il luy foit befoing en obtenir aultre breuet que le préfent que fad. matté m'a commandé luy en expedier & qu'elle a, en foy & tefmoignage de ce, voullu figner de fa propre main & icelluy faict contrefigner a moy fon confeiller & fecré de fes finances. Signé Caterine, & plus bas, Chantereau.

Au bas : Collonñé fur l'original par moy confeiller du Roy & fecré de fes finãn.

H A U D E T.

A côté : Le Roy a eu pour agréable & confirmé le contenu cy deffus du xix° nobre 1579, figné Deneufuille.

Collonñé par moy

H A U D E T.

(Copie fur parchemin.)

VI.

Lettre adreffée par la Reine Catherine de Médicis à Jean de la Sauffaie, commiffaire ordinaire des guerres, pour le remercier de l'enrôlement de deux mille lanfquenets (2).

(1580.)

OMMISScAIRE la Sauffaie, le Roy, Monfieur mon fils aifné, fort content d'entendre la bonne diligence dont vous auez ufé en voftre voiage & que vous ayez fy bien folicitté le capitaine Hans Federich, qu'il ait donné l'ordre requis & neceffaire pour auoir fes deux mil lanfquenets prefts au lieu de la monftre, pour le vingt deux de ce mois; acquoy il fault que vous tenez foigneufement la main, affin qu'ils puiffent fe rendre promptement en fon armée, qui eft deuant la Fère, pour y rendre le bon feruice que l'on efpère d'eux. Sur ce, je fuplie le créateur, commiffaire la Sauffaie, qu'il vous ait en fa ſte garde. Efcript à Sainct Maur des Foffez, le xvj° de juillet 1580. Ainfy figné, Catherine, & plus bas, Brulart.

Collationné à l'original & faict rendu par moy Jacques Barthelemy, notaire & tabelion roial à Blois, foubfigné, le cinq mars mil fix cens foixante ung.

B A R T H E L E M Y, noᵗᵉ.

(Copie fur papier.)

(1) *Archives de la maifon de la Sauffaye, n° 17, férie B.*

(2) *Archives de la Sauffaye, n° 21, férie B.*

VII.

Lettre adreſſée par le Roi Henry III à Jean de la Sauſſaye (IIᵉ du nom), commiſſaire
ordinaire des guerres, pour le licenciement des lanſquenets (1).

(1581. — Page 39.)

AU COMMISSAIRE LA SAUSSAYE, SECRÉTAIRE ORDINAIRE DE MA CHAMBRE
ET INTERPRETE EN LANGUE GERMANIQUE.

OMMISSAIRE la Sauſſaye : j'ay veu ce que vous m'auez eſcript de l'eſtat auquel ſe retrouuent les lanſquenets, leſquels j'ay aduiſé pour le mieulx de licencier, ainſy que uerrez par le mémoire & inſtruction que je vous envoye avec le pouuoir pour faire le dict licenciement, que je vous prie d'exécuter au pluſtoſt que ſera poſſible & au plus près de mon intéreſt que vous pourrez. Me monſtrant en cela une dextérité, ſi bien que ma bourſe, ſelon le bon beſoing qu'elle en a, en demeure ſoulaigée. Qui eſt tout ce que j'ay à vous dire : en ſuppliant le Créateur qu'il vous ayt en ſa ſainĉte garde. Eſcript à Sᵗ Germain en Laye, le 26ᵉ jour de féburier 1581.

HENRY

(Original fur papier.)

VIII.

Inſtructions données par Henry III à Jean II de la Sauſſaye, commiſſaire ordinaire
des guerres, pour le licenciement des lanſquenets (2).

(1581. — Page 39.)

E Roy ayant ſeu le mauvais équipaige auquel ſe retrouuent les lanſquenets ſoubs la charge du colonel Hans Federich, & que oultre qu'ils ſont grandement diminuez en leur nombre depuis la derniere monſtre faiĉte l'on n'en ſauroit tirer aucun ſeruice remarcable, a aduiſé de les licencier promptement.

Et à ceſte fin veult que le commiſſaire la Sauſſaye, qui les conduit face compte avecq eux de tout ce qui leur eſt deub & dont l'eſtat luy eſt préſentement enuoyé, ſur quoy il regardera de leur rabaſtre ung mois de ſolde atendu qu'ils ſont paiez ſur le roole de la derniere monſtre combien qu'ils ne ſoient à beaucoup près le nombre qui fut paſſé en icelle, auſſy qu'ils ont veſcu aux deſpens du peuple & en diſtribution de viures les quels il euſt faillu qu'ils euſſent acheptez s'ils euſſent eſté payez de leur ſolde, & que à la fin Sa Majeſté faiſant raiſon & juſtice à ceux qui les ont baillez les leur fera auecq le temps ſattisfaire.

Ne voulant Sa Majeſté qu'il ſoit faiĉt aucunes difficultés en cela tant par le colonel que par les cappiteinnes pour eſtre choſe fort raiſonnable à la quelle s'ils ne ſe condeſcendent, ſadiĉte Majeſté auroit occaſion pour le peu de reſpec qu'ils monſtreroient auoir au

---

(1) Archives de la Sauſſaye, nᵒ 18, ſérie B.   (2) Archives de la Sauſſaye, nᵒ 20, ſérie B

ſoulagemant de ſes affaires de ne les vouloir employer quant les occaſions s'en offriront.

Ledict commiſſaire leur accordera ung mois pour leur retour à compter du jour du licencyemant qui ſera le plus promptement que faire ce pourra & les faire acheminer au pluſtoſt ſur la frontière pour ſe ſéparer incontinant ſans eſtre plus à la charge & foule du pauure peuple.

Leur faiſant bailler pour auoir moien de ſe retirer les vij° viij l.ᵗ vjᵐ (?) qui ſont près d'eux (?) ès mains du commis du treſorier de l'extraordinaire de la guerre, laquelle ſomme encores qu'elle euſt eſté deſtinée pour ce mois doit ſeruir du mois de retour.

En faiſant compte dudict deu led. la Sauſſaye aſſeurera le paiemant de ce qui leur eſt deu ſur les deniers des receptes generalles de Chaalons & Orléans de l'année prochaine pour en eſtre ſatiſaits à deux termes & paiemans eſgaux es quartiers de januier & auril de lad. année prochaine ſuiuant l'eſtat qui luy eſt envoié préſentement ſans que ledict paiemant pour quelque cauſe que ce ſoit puiſſe en l'une & l'aultre recepte eſtre reculé ne reuocqué.

Et ſy pour ne vouloir leſd. colonel & cappitaines particuliers receuoir & accepter la diminution & reduction de ce mois, acquoy il ſemble à la verité qu'ils ne peuuent & ne doibuent aucunement contredire, & que ledict ſieur de la Sauſſaie cognoiſſe qu'il n'y a riens qui les puiſſe empeſcher de receuoir & accepter ledict licencyemant fera en cela pour euiter aultant qu'il pourra la foulle & charge du pauure peuple, telle compoſition qu'il verra eſtre à propos

pour le bien du ſeruice de Sa Majeſté & auguementera d'aultant lad. aſſignation ſur leſd. receptes generalles de Chaalons & Orléans à chacun par moictié de ce que pourra monter ladicte auguementaõn.

Et ſera Sa Majeſté rattifier & approuuer ce que led. de la Sauſſaie aura negocié en cet affaire.

Icelluy ſieur de la Sauſſaie pour euiter à tout deſordre, inconvenient & retardement que le deffault de ce prompt licencyement ne ſoit faict & executé, conduira les troupes juſques à ce qu'ils ſoient à la frontière du Royaulme & juſques là les fera aller à bonnes grandes journées & là eſtans arriuez les pourra laiſſer & s'en reuenir pour rendre toutte raiſon de ce qui ſera paſſé apportant auecq luy les accords & tranſactions qu'il aura faicts auecq leſd. colonel & capitaines particuliers pour icelles faire aucthorizer & rattiffier.

Il a eſté expreſſement mis au pouuoir de rabattre le mois affin que tant pluſtoſt ils le facent, neantmoins pour cela s'ils s'y rendent obſtinez il ne laiſſera d'arreſter le compte le pluſtoſt que faire ce pourra. Faict à St Germain en Laye, ce xxvᵉ feburier 1581. Signé, Henry, & plus bas, Brulart,

Au bas eſt la mention : *Collationné à l'original & faict rendu par moy Jacques Barthelemy, notaire & tabelion roial à Bloys, ſoubſigné, le cinqᵉ mars mil ſix cens ſoixante ung.*

BARTHELEMY.

(Copie ſur papier.)

IX.

Quittance par Jean de la Sauſſaye, IIᵉ du nom, de ſes gages
de maître des comptes (1).

(1601. — Page 41.)

E ſoubzſigné Jehan de la Sauſſaye, conᵉʳ du Roy & l'un de ſes Mᵉˢ des comptes à Bloys, confeſſe avoir eu & reçeu contant de Mᵉ Michel Picault, Recᵉᵘʳ génl du domaine du conte de Bloys, la ſomme de quatre vingts cinq eſcus ſol, à moy deubz pour demye année de mes gaiges & pʳ une année de mon droict de robbe, eſcheue & finye au jʳ & feſte de Noel dernier paſſez. De laqᵘᵉ ſomme de iiijˣˣᵛ ᵉᵗᶜ. ſol je tiens quicte led. ſʳ Picault receueur ſuſd. & tous aultres par la pᵗᵉ ſignée de ma main. Faict le douz.ᵐᵉ jour de feburier mil ſix cens ung.

DE LA SAUSSAYE.

(Autographe ſur parchemin)

(1) *Archives de la Sauſſaye, nᵉ 1, ſérie C-1.*

X.

Lettre du frère Didac Arias de Valcarcel, général des Minimes, qui reçoit au nombre des bienfaiteurs de l'Ordre Achille Herbelin & Marie de la Saulfaye, fon époufe, qualifiée de nièce de faint François-de-Paule (1).

(1615. — *Page 42.*)

RATER DIDACUS ARIAS DE VALCARCEL, totius ordinis Minimorum Sancti FRANCISCI DE PAULA generalis corrector, omnibus prefentes litteras vifuris aut audituris, falutem.

Quo tempore ad officium GENERALATUS noftri ordinis Minimorum, licet immeriti, affumpti fumus, nihil magis in corde habuimus quam poft Dei honorem, noftrarumque obfervantiarum ac regularis difciplinæ tenorem, pacifque & charitatis vincula inter commiffæ nobis fratres ftabilita, fingulas prouincias nouis cœnobiis augere, vel fratrum numerum in veteribus amplificare. Eorum etiam qui pro fua infigni pietate nouorū conuentuum aut fundatores aut promotores exifterent, merita certis quibufdam donis fpiritualibus, priuilegiis ac fauoribus compenfare. Sanè juxtà hoc noftrum defiderium libenter audiuimus, qualiter nobiliffimus ac deuotiffimus dominus ACHILLES HERBELIN, chriftianiffimi Regis confiliarius, regiorumque tributorum in Armoricis præfectus. Itemque nobiliff^a & pientiff^a eius coniux MARIA DE LA SAULSAYE, quæ etiam ex beatiff. patris noftri FRANCISCI DE PAULA nepote oriunda dicitur, pro fuâ in noftrū ordinē beneuolentiâ, ante biennium huic noftræ Turonicæ, quam nunc vifitamus, prouinciæ locum conuentui ædificando idoneum in fuburbiis Blefenfis urbis legarunt, affignatâ etiam dote nonnullorū redituū : prout in contractu Nanneti, menfe februario anni 1614 continetur. In quo loco ædificia pro tempore fatis commoda parata funt ad manfionē fratrū. Hæc autem erectio grata capitulis prouincialibus habitis in hoc conuentu anno Domini 1613 & 1614. Jufque omne & priuilegiū fundatorū juxta regulæ conftitutionūqs. tenorē præfato domino Herbelin ejufque coniugi amborūqs. liberis procreatis aut procreandis conceffum eft. Quæ cum nobis certa relatione innotuiffem, ad maiorē firmitatē voluimus noftra authoritate ftabilire. Itaque tenore præfentiū recipimus inter conuentuū fundatores præfatum dominū Herbelin ejufque coniugem ac liberos procreatos feu procreandos, ut utantur priuilegiis fundatorum, fecundū quod in regulâ & ftatutis noftris cōtinetur ; damufque illis integram participationem omniū fuffragiorū, miffarum, meditationū, aliorūque fpiritualium exercitiorū, quæ in toto ordine fiunt. Præterea recipimus præfatū Blefenfem conuentum inter cæteros prouinciæ conuentus : eiufque ecclefiam Deo fub inuocatione SANCTISSIMI PATRIS NRI FRANCISCI DE PAULA confecrari volumus ratofque habemus contractus iis de rebus habitos. Datum in noftro Turonenfi conuentu, fub manus noftræ fyngrapho & officii noftri figillo, die trigefima prima octobris 1615. — Sic fignatum in originali : Fr. Didacus Arias de Valcarcel, gls (2), & figillatum.

AUBERY, nōrius āplicus diæcefis Carnotenf., *Blæfis commorans, fuper originali dicto dño Herbelin reftituto collaōem fecit undecimâ januarii, anno millemo fexcentefimo decimo fexto.*

(Copie fur parchemin.)

(1) *Archives de la Sauffaye, n° 7, férie C-1.*

(2) *Generalis.*

XI.

Lettres de proviſion de la charge de maître d'hôtel du Roi Louis XIV pour Jean de la Sauſſaye, IVᵉ du nom (1).

(1647. — *Page* 44.)

DE PAR LE ROY,

*GRAND maiſtre de France, premier Mᵉ de
ñre hoſtel, Mᵉˢ ordʳᵉˢ d'iceluy, & vous
Mᵒˢ & Conᵉʳˢ de noſtre chambre aux deniers, ſalut. Ayans eſgard aux bons &
fidelz ſeruices que nous a rendu Jean de la Sauſſaye,
ſeigneur de la Raboit, & voullans, en cette conſidé-
ration, le traiſter le plus fauorablement qu'il nous
ſera poſſible en l'aprochant près de nous en charge
qui reſponde à l'eſtime que nous faiſons de luy à plain.
Confians de ſes ſens, ſuffiſance, loyaulté, prudhom-
mie, expériance, fidelité & affeſtion à noſtre ſervice.
Iceluy, pour ces cauſes, à ce Nous mouuans, de l'aduis
de la Reyne régente, noſtre très honnorée Dame &
Mère, Auons, ce jourdhui, retenu & retenons par ces
préſentes ſignées de noſtre main, en l'eſtat & charge
de l'un de noz maiſtres d'hoſtel, pour doreſnauant
nous y ſeruir ledit eſtat & charge exercer, en jouir
& uſer par ledit ſʳ de la Sauſſaye aux honneurs, au-
thoritez, prérogatiues, prééminences, priuillèges,
gaiges, droiſtz, fruiſtz, proffiſtz, reuenus & eſmo-
lumens accouſtumez, telz & ſemblables que les ont
& prennent les autres pourueus de pareille charge, &
ce tant qu'il nous plaira. Sy voulons & vous mandons que dudit ſʳ de la Sauſſaye pris & reçeu le
ferment en tel cas requis & accouſtumé. Vous cette pré-
ſente noſtre retenue, enregiſtriez ou faſſiez enregiſtr-
ez regres, papiers & eſcripts de noſtredᵉ chambre
aux deniers & du contenu en icelle, le faſſiez & laiſ-
ſiez jouir & uſer plainement & paiſiblement &
à luy obéir & entendre de tous ceux & ainſy qu'il
appartiendra & choſes touchans & concernans ledit
eſtat & charge. Mandons en oultre aux tréſoriers
généraux de noſtre maiſon que les gaiges & droiſtz
à lad. charge appartenans, ils payent, baillent & del-
livrent comptans audit ſʳ de la Sauſſaye doreſnauant
par chacun an aux termes & en la manière accouſtu-
mée ſuiuant les eſtats qui en ſeront par nous ſignez &
arreſtez. Car tel eſt noſtre plaiſir. Donné à Paris,
ſoubz le ſcel de noſtre ſceau le xvjᵉ jour de mars mil
ſix cens quarente ſept.*

LOUIS.

*Par le Roy la Reyne
régente ſa mere p̄nte.*

DE GUENEGAUD.

En marge, à gauche :

*AUJOURD'HUY premier ſeptembre 1651, le ſʳ de la
Sauſſaye, dénommé aux p̄ntes, a preſté le ſerment qu'il
doibt pour la charge de l'un des Conᵉʳˢ & Mᵉˢ d'hoſtel du
Roy, de laquelle il a été pourueu, & ce à la manière accouſ-
tumée, entre les mains de Monſeigneur le prince premier
pair & grand Mᵉ de France, moy ſon conᵉʳ & ſecrétaire
ordʳᵉ de ſes commandementz préſent.*

GIRARD.

Au dos, il eſt fait mention de l'enregiſtrement
gratis à la Chambre aux Deniers.

(Original ſur parchemin, ſcellé du ſceau de
cire blanche.)

(1) *Archives de la Sauſſaye, nᵒ 15, ſérie C-1.*

XII.

Provifions de la charge de gentilhomme ordinaire de la chambre du Roi Louis XIV en faveur de Jean de la Sauffaye, IVᵉ du nom (1).

(1650. — *Page 45.*)

DE PAR LE ROY.

GRAND *chambellan de France, premier gentilhomme de ñre chambre, premier Mᵒ de ñre hoftel, Mᵈˢ ordinaires d'iceluy, & vous Mᶜˢ & Conᵉʳˢ de ñre chambre aux deniers, falut. Les bons & recommandables feruices qui ont efté rendus au feu Roy ñre treshonnoré feigneur & père & que continue de nous rendre ñre cher & bien amé Jean de la Sauffaye chlĕr feigneur de la Rabois. Et defirans, en confidéräon d'iceux luy tefmoigner la fatisfaction qui nous en demeure, & l'eftime parᶜʳᵉ que nous faifons de fa perfonne & l'aprocher près de la ñtre en charge qui correfponde à fon mérite ; Pour ces caufes & aües, de l'aduis de la Royne régente, ñre très honnorée dame & mère, auons iceluy retenu & retenons par ces pñtes, fignées de ñre main, en la charge de Gentilhomme ordinaire de ñre Chambre, & pour dorefnauant nous y feruir lad. charge, exercer, en joüir aux honneurs, autoritez, prérogatiues, prééminences, priuilèges, franchifes, libertez, gages & droicts y attribuez tels que les ont les pourueus de pareilles charges, tant qu'il nous plaira. Voulons & vous mandons que dud. feig. de la Rabois pris le ferment en tel cas requis. Cefte préfente ñre retenue vous regriez ou faffiez regrer es regres de ñred. chambre aux deniers, & du contenu en icelle le faffiez jouir plainement & paifiblement, & à luy obéir ainfy qu'il apparᵈʳᵃ. Mandons en outre aux Treforiers gñaux de ñre maifon que les gages & droicts à lad. charge appartenans ilz paient aud. feig. de la Rabois par chacun an, aux termes accouftumez, fuivant nos eftats. Car tel eft ñre plaifir. Donné à* foubs *ñre fceel fecret le* jour de *mvj*ˢ (2).

LOUIS.

Par le Roy, La Royne régente fa mère pñte.

DE GUENEGAUD.

A gauche, en marge :

Aujourd'hui xxᵉ iour de decembre xvj cinquante, le fʳ de la Sauffaye a faict & prefté le ferment qu'il deuoit au Roy en qualité de l'un des gentilshöes ordʳᵉˢ de fa chambre, entre les mains de Monfeigneur le duc de Joyeufe, Pair & Grand Chambellan de France, moy fecʳᵉ ordʳᵉ de fes commandemens, préfent à Paris, ce iour & an que deffus.

MAUVOY.

(Original fur parchemin, fcellé du fceau de cire blanche.)

---

(1) *Archives de la Sauffaye, nᵒ 17, férie C-1.*

(2) *Les blancs n'ont pas été remplis.*

XIII.

Lettres de provifion de la charge de confeiller d'Etat, en faveur de Jean de la Sauffaye,
IVᵉ du nom, données par le Roi Louis XIV (1).

(1652. — Page vj de l'Introduction & page 45 de l'Hiftoire généalogique.)

LOUIS, par la grâce de Dieu, Roy de France & de Nauarre, A noftre amé & féal Conᵉʳ m.ᵉ d'hoftel ordinaire de noftre maifon, Jehan de la Sauffaye, fʳ de la Raboys, falut. Eftant l'une des chofes plus neceffaires & plus importantes au bien & à la réputation de nos affaires de remplir nos confeils de perfonnes dont la capacité & l'expérience refpondent à leur fidelité ; bien informez de vos fens, fuffifance, prudence, probité de vies & intégrité de mœurs, & pour les preuues & affurances de voftre vertu & zèle à noftre feruice que vous auez toufjours faict parroiftre, tant en voftre charge qu'en nos armées durant les fièges d'Arras & Grauelline & autres employs defquels vous vous eftes fi dignement acquitté, & voulans vous donner des marques de la fatisfaction que nous en auons : De l'aduis de noftre con.ᵉˡ , nous vous auons faict, efleu & ordonné & par ces préfentes, fignées de noftre main, faifons, eflifons & ordonnons noftre con.ᵉʳ en nos con.ᵉˡˢ d'eftat, priué, direction & finances, pour dorefnauant y auoir entrée, féance & voix délibératifue, & jouir des honneurs, aucthoritez, prérogatiues, prééminances, fonctions, preuillèges, gages & appointements dont jouiffent les autres con.ᵉʳˢ en nos ditz con.ᵉˡˢ le tout fuiuant les règlemens fur ce faicts. Voulons, pour ceft effect, que vous preftiez le ferment accouftumé entre les mains de noftre très cher & féal le fieur Molé, cheuallier, premier préfident en noftre cour de parlement de Paris & garde des fceaux de France, & que tous nos officiers & fubjects vous recognoiffent pour l'un de nofd. con.ᵉʳˢ en nofd. con.ᵉˡˢ Car tel eft noftre plaifir. Donné à Bloys le xxvjᵉ jour de mars, l'an de grâce mil xviᵉ cinquante deux & de noftre Reigne le neufiefme.

LOUIS.

Par le Roy,

PHELYPPEAUX.

(Original fur parchemin.)

XIV.

Arrêt de maintenue de nobleffe rendu par M. de Machault, intendant de la province
d'Orléans, à Jean de la Sauffaye, IVᵉ du nom (2).

(1667. — Page 46.)

EXTRAIT DES TITRES GENEALOG. de la maifon, qualitez & armes des de la Sauffaye, fᵉ de la Rabois, que met & produit devant vous monfeigneur de Machault, cheualier, con.ᵉʳ du Roy en tous fes confeils d'eftat & priué, Mᵉ des requeftes ordʳᵉ de fon hoftel, commʳᵉ departy par Sa Maiefté en la géneralitté d'Orléans. Jean de la Sauffaye, Efcuyer, fieur de la Rabois, Confeiller du Roy en fes Confeils, Préfident en fa Chambre des Comptes

---

(1) Archives de la Sauffaye, nᵘ 19, férie C-1.

(2) Archives de la Sauffaye, n° 4, férie F.

de Blois, Thréforier de France, Général de fes Finan-
ces, & Intendant des Baftimens du Comté de Blois,
defendeur. Contre Mᵉ Mathurin de l'Orme, chargé
par fa Maiefté de l'exécution de l'arrefté du confeil
du 22ᵉ mars 1666, demᵣ aux fins de voftre comᵒⁿ
& exploiɛt.

LES ARMES de cette Maifon font conformes
à l'Efcuffon peint au premier feuillet de ce préfent
extrait, qui font d'argent, à trois faules de finople
en chef, un chevron de gueules, & un porc efpic
paffant de fable en pointe (1).

POUR prouver la filiation, qualitez & maria-
ges de cette Maifon il produit les tiltres qui fui-
vent :

POUR juftifier que de Robert de la Sauffaye, Ef-
cuyer, fieur du dit lieu, pourfuivant d'armes du
comte de Dunois eft iffu Olivier de la Sauffaye, auffi
Efcuyer; que du dit Olivier eft iffu Jean de la Sauf-
faye, premier du nom, Efcuyer, fieur de Bréfolles,
lequel efpoufa en premières nopces damoifelle Jeanne
de Morvilliers, fœur du garde des fceaux de Mor-
villiers, duquel premier mariage eft iffu Mathurin
de la Sauffaye, Evefque d'Orléans; & cela eft telle-
ment de la notoriété publique, que les mémoires de
Caftelnau en font mention dans le fecond tome au cha-
pitre de la famille des Morvilliers & de leurs al-
liances.

LEDIT Jean de la Sauffaye, premier du nom,
efpoufa en fecondes nopces damoifelle Rofe de Baail-
lon, fille de Pierre de Baaillon, Vicomte de Caude-
bec, & Prévoft général d'Artillerie de France.

POUR en prouver la filiation, qualitez & maria-
ge, il produit les aɛtes qui fuivent au nombre de trois,
cottez par A, dont le premier eft :

CONTRACT de mariage de Jean de la Sauf-
faye, premier du nom, avec damoifelle Rofe de Baail-
lon, devant Coufin, notaire à Blois, le vingt trois° fe-
vrier xv° trente huit, où les qualitez d'Efcuyer font
données à luy, fon père & grand père, figné Coufin;

UNE donnaifon mutuelle que ledit Jean de la Sauf-
faye, Efcuyer & la damᵉˡˡᵉ Rofe de Baaillon, fa
femme, fe font faits devant Hellault, notaire à Blois,
du douz° novembre xv° trente-neuf, figné Hellault;

UN acqueft fait par ladite damoifelle Rofe de
Baaillon eftant veuve de noble homme Jean de la
Sauffaye, Efcuyer, fieur des Vaux & de Brefolles,

devant Meilleron, notaire à Blois, du quatorz° fe-
vrier xv° foixante treize, figné Meilleron.

JEAN de la Sauffaye, premier du nom & da-
moifelle Rofe de Baaillon, fa femme, ont eu plufieurs
enfans dont l'aifné a efté Jean de la Sauffaye, fecond
du nom, Efcuyer, fieur de la Rabois, Secrétaire &
Interprète du Roy en langue germanique & Com-
miffaire de fes guerres, qui eut pour femme damoifelle
Jeanne Allar.

POUR prouver le mariage, filiation & qualitez
defdits Jean de la Sauffaye, fecond du nom, & damoi-
felle Jeanne Allar, il produit les aɛtes qui fuivent, au
nombre de fix, cottez par B, dont le premier eft :

LE partage des biens delaiffez par Jean de la Sauf-
faye, Efcuyer, premier du nom & damoifelle Rofe de
Baaillon, fa femme, fait entre Jean & Pierre de la
Sauffaye, Efcuyers, devant Pelletereau, notaire à
Blois, le quatre fevrier xv° foixante & quatorze;

LE contraɛt de mariage de Jean de la Sauffaye, fe-
cond du nom, Efcuyer, fieur de la Rabois, Commif-
faire ordinaire des guerres de Sa Majefté, avec noble
fille dame Jeanne Allar, du fept° février xv° qua-
trevingts, devant Pelletereau, notaire à Blois, figné
Pelletereau;

ACQUEST fait par ledit Jean de la Sauffaye,
Efcuyer, feigneur de la Rabois, du fecond juin xv°
quatrevingts deux, devant Pelletereau, notaire à
Blois, figné Pelletereau;

AVEU fait par ledit Jean de la Sauffaye, Efcuyer,
fieur de la Rabois, Secrétaire & Interprète du Roy en
langue germanique, de la terre & feigneurie de
Guillonville à luy efcheüe par le moyen du don que Re-
verend Père en Dieu Meffire Mathurin de la Sauffaye,
vivant Evefque d'Orléans, luy a fait, paffé pardevant
Jean Rouffeau, notaire Royal au Chaftelet d'Orléans,
le vingt deux° juin xv° quatrevingts quatre, figné
Rouffeau;

AVEU de la mefme terre avec la mefme qualité
d'Efcuyer, pardevant le mefme notaire Rouffeau, le
vingt trois° juillet xv° quatrevingts quatre;

AVEU fait par ledit Jean de la Sauffaye, fecond
du nom, Efcuyer, feigneur de la Rabois, à Monfeigneur
du Bellay, à caufe de fa terre du Boufchet-Toute-Ville,
pour raifon de vingt feptrées de terre dependante de la
meftairie de Villiers, paffé devant Lambert, notaire,
xv° quatrevingts feize, figné Lambert.

---

(1) *Voir le fac-fimile de cet écuffon placé au frontifpice de l'Hiftoire généalogique.*

ET dans tous les actes & procédures de justice la damoiselle Jeanne Allar a toujours esté qualifiée veuve de Jean de la Saussaye, Escuyer, sieur de la Rabois, comme il appert par ces actes, en nombre de quatre, cottez par C, dont le premier est :

L'EXTRAIT des requestes du Palais en date du onze septembre xvj^c huit, où elle est qualifiée veuve de Jean de la Saussaye, Escuyer, sieur dudit;

DIVERSES procédures de justice faites au Bailliage de Blois comme noble, dans toutes lesquelles ladite damoiselle Jeanne Allar est toujours qualifiée veuve de Jean de la Saussaye, Escuyer, sieur de la Rabois;

OBLIGATION passée au profit de ladite damoiselle Jeanne Allar, veuve de deffunct Jean de la Saussaye, Escuyer, sieur de la Rabois, & comme ayant la garde noble de Jean de la Saussaye, son petit-fils mineur, du second may xvj^c vingt huit, par-devant Christophle Barre, notaire à Boisgency, signé Barre;

UN bail de la mestairie de la Rabois du vingt deuxe may xvj^c vingt huit, avec les mesmes qualitez dénoncées dans l'obligation cy-dessus, passé devant le mesme notaire.

ET pour vérifier la qualité de Commissaire des guerres prises par Jean de la Saussaye, second du nom, dans son contract de mariage cy-dessus, le défendeur produit les pièces qui suivent, au nombre de quatre, cottées par D, la première est :

UN mandement du Roy au Général des postes, donné au sieur de la Saussaye s'en allant en Allemagne pour service, signé Bruslar, du vingt sixe juin xv^c quatrevingts;

UNE lettre signée Catherine & plus bas Bruslar, addressante au commissaire de la Saussaye, du seize juillet xv^c quatre vingts;

UNE lettre signée Henry & plus bas Bruslar, du vingt sixe février xv^c quatrevingts un, dont l'inscription est telle : Au Commissaire de la Saussaye, secrétaire ordinaire de ma chambre & interprète en langue germanique;

TRAITE fait avec les lansquenets par le commandement du Roy, par le sieur de la Saussaye, Commissaire, du vingt cinq février xv^c quatrevingts un.

JEAN de la Saussaye & ladite damoiselle Jeanne Allar eurent plusieurs enfans, dont l'aisné a esté Jean de la Saussaye, troisiesme du nom, Escuyer, sieur de la Rabois; il eut pour femme damoiselle Suzanne de Meulles.

POUR prouver la filiation, qualitez & mariage, il produit les actes qui suivent, au nombre de quatre, cottez par E, dont le premier est :

L'INVENTAIRE des biens délaissez par damoiselle Jeanne Allar, devant Barthélemy, notaire à Blois, du neufe juin xvj^c vingt neuf, où on voit la filiation avec les qualitez d'Escuyer données à Jean de la Saussaye, second du nom, & à Jean de la Saussaye, troisiesme du nom, son fils;

LE contract de mariage de Jean de la Saussaye, troisiesme du nom, avec damoiselle Suzanne de Meulles, du douze aoust xvj^c dix huit, devant Réné Boutault, notaire à Blois, avec la qualité d'Escuyer, & à Jean de la Saussaye, second du nom, son père;

FOY & hommage rendus de la terre de la Rabois, par Jean de la Saussaye, troisiesme du nom, se disant fils de Jean de la Saussaye, second du nom, avec les qualitez d'Escuyer, du vingte aoust xvj^c sept, devant Robert Rousseau, notaire à Orléans;

AVEU fait par ledit Jean de la Saussaye, troisiesme du nom, de la mestairie de l'Ardoise, du vingte may xvj^c treize, devant Picault, notaire en la ville de Pattai, se disant fils de Jean de la Saussaye, second du nom, avec les qualitez d'Escuyer.

ET dans tous les actes & procédures de justice, la damoiselle Suzanne de Meulles a toujours esté qualifiée veuve de Jean de la Saussaye, Escuyer, sieur de la Rabois, comme il appert par deux actes cottez F, signez Chicoyneau, notaire à Blois, le dernier janvier xvj^c vingt cinq & le douze février xvj^c vingt six.

JEAN de la Saussaye & ladite damoiselle Suzanne de Meulles, sa femme, n'ont eu qu'un fils qui est celuy qui produit le présent extrait, qui a nom Jean de la Saussaye, Escuyer, sieur de la Rabois, Conseiller du Roy en ses Conseils, Président en la Chambre des Comptes de Blois, Thrésorier de France, Général des Finances & Intendant des bastimens du Comté de Blois, & a pour femme dame Marie Viart, qui ont quatre enfans vivans lors dudit extrait, sçavoir : deux fils & deux filles.

POUR prouver le mariage, filiation & qualitez de Jean de la Saussaye, quatriesme du nom, & de ladite damoiselle Marie Viart, sa femme; il produit les actes qui suivent, au nombre de sept, cottez G, dont le premier est :

LE contract de mariage dudit Jean de la Saussaye, quatriesme du nom, avec ladite dame Marie Viart, du troise juillet xvj^c cinquante, devant Jacques Barthélemy, notaire à Blois; la qualité de Messire

Gentilhomme de la Chambre du Roy luy eſt donnée & ſe dit fils de Jean de la Sauſſaye, troiſieſme du nom, Eſcuyer.

POUR prouver ladite qualité de Gentilhomme de la Chambre du Roy, il produit les lettres de Sa Majeſté, ſignées Louis & plus bas Guenegaud, avec le ſerment, y joint le certificat de ſervice, ſigné Louis de Lorraine, & plus bas, par Monſeigneur, Mauvoy, en date du douzᵉ ſeptembre xvjᵉ cinquante trois; comme auſſi il produit les proviſions de Sa Majeſté de la charge de Préſident dans la Chambre des Comptes de Blois, Thréſorier de France, Général des Finances & Intendant des Baſtimens du Comté de Blois, au nom dudit Jean de la Sauſſaye, quatrieſme du nom, en date du trentᵉ aouſt xvjᵉ ſoixante cinq.

DEPLUS, pour faire connoiſtre que ledit Jean de la Sauſſaye, quatrieſme du nom, défendeur, eſt fondé dans ſa qualité d'Eſcuyer, toutes fois & quantes qu'on luy a voulu donner atteinte à ſa nobleſſe, les cours ſouveraines l'y ont toujours maintenu, comme il appert par les arreſts qu'il produit, l'un du renvoy de l'aſſignation à luy donnée pour les francs fiefs, du ſecond juin mil ſix cens ſoixante, & l'autre de la Cour des Aydes qui le reconnoit noble, le déclare tel luy & toute ſa poſtérité, du premier mars xvjᵉ ſoixante trois.

ITEM, de la Sauſſaye, défendeur, produit la reconnoiſſance de Meſſieurs les Eſchevins de la ville de Blois, de la nobleſſe de la Maiſon de la Sauſſaye, du dernier janvier xvjᵉ ſoixante un, devant Nicolas Lefebure, noᵗᵉ à Blois;

LA généalogie de la Maiſon de la Sauſſaye, imprimée, où les alliances des Seguiers, d'Ormeſſons, des Montholons, de l'Hoſpital, d'Alleſſo, Aubray & autres s'y remarquent.

DEPLUS, remonſtre ledit de la Sauſſaye, défendeur, que ſans monter plus haut, ny ſans néantmoins ſe départir des moyens de Généalogie alleguez cy-deſſus, ſe trouvant petit-fils de Jean de la Sauſſaye, ſecond du nom, pourveu de la charge de Maiſtre des Comptes à Blois, en xvᵉ quatrevingts neuf, & fils de Jean de la Sauſſaye, troiſieſme du nom, pourveu de la charge de ſon père Jean de la Sauſſaye, ſecond du nom, Maiſtre des Comptes audit Blois, lequel eſt décédé dans ladite charge l'an xvjᵉ dix neuf, & juſtifiant par tiltres en bonne forme de la création de la Chambre des Comptes de Blois à l'inſtar de celle de Paris, jouiſſante des meſmes priviléges &

de toutes les immunitez accordées aux Cours ſouveraines, Il eſt inconteſtable que ces charges ont fait ſouche de Nobleſſe & l'ont acquiſe au petit-fils, ſans contredit, qui ſe trouve par conſéquent dans le privilége, PATRE ET AVO CONSULIBUS.

CAR quoyque ces dites charges n'acquièrent pas une entière & pleine nobleſſe ſi toſt qu'on en eſt pourveu, on ne ſçauroit néantmoins douter qu'elles ne ſervent de degrez pour y parvenir, particulièrement quand la poſſeſſion en a eſté continuée de père en fils dans la meſme famille, & qu'on vérifiera que les Maiſtres particuliers de la Chambre des Comptes de Blois ont toujours jouy des priviléges des Nobles, ayant eſté dechargez en tous rencontres des impoſitions que ſouffrent les roturiers.

POUR prouver ce qui eſt contenu au préſent article, premièrement touchant les charges de Maiſtre des Comptes à Blois, de Jean ſecond & de Jean troiſieſme de la Sauſſaye, grand-père & père du défendeur, il produit les pièces qui ſuivent, au nombre de ſept, cotées H, dont la première :

LES proviſions de la charge de Maiſtre des Comptes à Blois, de Jean de la Sauſſaye, ſecond du nom, grand-père du défendeur, du vingt deuxᵉ fevrier xvᵉ quatrevingts neuf; ſa reception à ladite Chambre, du treizᵉ avril xvᵉ quatrevingts neuf;

L'EXTRAIT de l'eſtat final d'un compte, du dernier avril xvjᵉ ſix, ſigné de la Sauſſaye;

L'EXTRAIT du livre des morts du Couvent des Religieux Cordeliers de la ville de Blois, où il paroiſt que Jean de la Sauſſaye, ſecond du nom, a eſté inhumé le vingt de may xvjᵉ ſix, ſigné Jouanneau;

LES proviſions de la charge de Maiſtre des Comptes à Blois, de Jean de la Sauſſaye, troiſieſme du nom, père du défendeur, par la réſignation pure & ſimple de Jean de la Sauſſaye, ſecond du nom, ſon père, du douzᵉ juin xvjᵉ ſix, ſa reception à la Chambre du vingtᵉ juillet xvjᵉ ſix;

L'EXTRAIT de l'inhumation dudit Jean de la Sauſſaye, troiſieſme du nom, du douzᵉ juin xvjᵉ dix neuf, ſigné Jouannet;

EXTRAIT d'un compte pour l'année eſcheüe au jour de Saint Jean-Baptiſte, xvjᵉ dix neuf, où il paroiſt que la veuve de Jean de la Sauſſaye, troiſieſme du nom, a touché quatre cens livres, du vingt huitᵉ juin xvjᵉ dix neuf;

LES proviſions du ſieur Herbelin, beau-frère dudit Jean de la Sauſſaye, troiſieſme du nom, dans ſadite charge de Maiſtre des Comptes, du ſeiz.ᵉ décembre

xvj.ᵉ dix neuf, avec difpenfe de la rigueur des qua-
rante jours.

*TOUTES ces pièces font connoiſtre que leſdits
de la Sauſſaye, grand-père & père du defendeur, font
morts reveſtus des charges de Maiſtres des Comptes à
Blois.*

*ET pour juſtifier que la Chambre des Comptes de
Blois jouit de tous les priviléges accordez aux Cours
fouveraines du royaume & que Sa Majeſté la recon-
noiſt de cette nature, le défendeur produit deux pièces cottées J, dont la première :*

*UN extrait figné Viart par lequel il paroiſt que
les gages des Officiers de la Chambre des Comptes de
Blois font réduits à trois quartiers comme toutes les
Cours fouveraines du royaume, conformément à l'arreſt du Conſeil du neuf.ᵉ décembre xvj.ᵉ foixante
deux ;*

*UN arreſt du douz.ᵉ mars xvj.ᵉ foixante-ſix
qui décharge les Officiers de la Chambre des Comptes dudit Blois du preſt pour le droit annuel, comme
eſtant créez à l'inſtar de ceux de la Chambre des
Comptes de Paris.*

*ET pour vérifier que la Chambre des Comptes de
Blois eſt créée à l'inſtar de celle de Paris & jouit de
ſes priviléges, le défendeur produit les pièces qui ſuivent, au nombre de ſept, cottées L :*

*LES lettres de Louis douz.ᵉ du vj.ᵉ mars xiiij.ᵉ
quatre vingts dix huit, où il crée la Chambre des
Comptes de Blois à l'inſtar de celle de Paris ;*

*LETTRES de François premier, du douz.ᵉ janvier
xv.ᵉ quatorze ;*

*PRIVILEGES de François premier accordez
aux Officiers de la Chambre des Comptes de Paris du
ſix.ᵉ avril xv.ᵉ dix neuf ;*

*LETTRES du Roy Charles, du ſecond mars
xiiij.ᵉ vingt cinq, au profit des Officiers des Chambres
des Comptes, pour exemption des francs fiefs ;*

*LETTRES du Roy Charles, du ſix.ᵉ mars xv.ᵉ
foixante quatorze, en faveur des Officiers de la
Chambre des Comptes de Blois pour la décharge des
francs fiefs ;*

*LETTRES patentes de Henry, Roy de France &
de Polongne, du huit.ᵉ février xv.ᵉ foixante dix-huit,
l'Arreſt de la Cour des Aydes qui les vérifie avec
quelque modification des lettres de juſſion, & les
Arreſts qui les modifient purement & ſimplement;*

*LETTRES de Louis treiz.ᵉ, confirmatives des
priviléges accordez aux Officiers de la Chambre des
Comptes dudit Blois, du vingt huit.ᵉ juin xvj.ᵉ dix.*

*ET pour prouver que les Maiſtres des Comptes de
Blois ont eſté dechargez de toutes impoſitions publi-
ques quand ils ont eſté troublez dans leurs priviléges,
produit ledit défendeur les pièces qui ſuivent, au nombre de quatre, cottées M :*

*UNE ordonnance de la Chambre du Thréſor, du
vingt ſix.ᵉ avril xv.ᵉ quatre vingt ſeize, qui à dé-
chargé Maiſtre Nicolas Chauvel de la taxe des francs
fiefs à cauſe de ſa charge de Maiſtre des Comptes à
Blois ;*

*UNE ſentence des Eleus du huit.ᵉ octobre xv.ᵉ
foixante huit, portant décharge des droits du huit.
en faveur de Maiſtres François Guerin & Nicolas
Chauvel, Maiſtres des Comptes à Blois, à cauſe de
leurs charges ;*

*UNE autre ſentence des meſmes Eleus du dix.ᵉ ſep-
tembre xvj.ᵉ quarante huit, du meſme droit en faveur
de Nicolas Huart, Maiſtre des Comptes à Blois;*

*UN Arreſt de la Cour des Aydes, rendu ſur les con-
cluſions de Monſieur l'Advocat-général de Ravod, du
ſecond mars xvj.ᵉ cinquante cinq, portant décharge
du droit d'Aydes, en faveur de Nicolas Huart, Maiſtre
des Comptes à Blois.*

*ET par ces moyens & autres à ſuppléer, requiert
ledit de la Sauſſaye eſtre renvoyé de l'action contre luy
intentée avec deſpens, & maintenu dans ſa Nobleſſe.*

DE MACHAULT, DE LA SAUSSAYE.

LEMAIRE, proᵉᵘʳ.

Au bas eſt écrit :

*VEU PAR NOUS LOUIS DE MACHAULT,
CHLER, CONᵉʳ DU ROY en tous ſes conſeils,
Mᵉ des reqᵗᵉˢ ordᵗᵉ de ſon hoſtel, Commiſſaire departy
par Sa Majᵗᵉ pour l'exeᵘᵗⁿ de ſes ordres en la généralité d'Orléans, les tiltres & pièces mentionnés dans
l'inventaire cy joint à nous repñté par Jean de la
Sauſſaye, eſcuier, ſieur de la Rabois, conᵉʳ du roy en
ſes conſeils, préſident en ſa chambre des comptes
de Blois, Tréſorier de France, gñal de ſes finances
& intendant des baſtimens du comté de Blois, pour
ſatisfaire à l'arreſt du conˡ du xxij mars 1666 & autres arreſts rendus en exeᵘᵗⁿ d'iceluy; veu auſſi l'acte
de Mᵉ Mathurin de l'Orme commis par Sa
Majeſté pour la recherche des uſurpations de nobleſſe
en ladite généralité, & enſemble les concluᵉⁿs du*

procureur du roy en cette com^on, auquel le tout a esté communiqué, tout consideré :

NOUS, COMMISSAIRE susdit, auons donné acte audit de la Saussaye, sieur de la Rabois, de la repñtacn à nous faite de ses tiltres & pièces justificatives de sa noblesse, pour jouir par luy de tous les priuiléges accordez aux nobles suiuant les ordonnances & reglements, tant & sy longuem^t qu'il ne fera acte dérogeant, & pour estre à cest effet inscript & compris dans l'estat & Cathalogue des Nobles, qui sera f^ca & dressé conformem^t audit arrest du xxij mars 1666, & ont lesd. pièces & tiltres esté rendus au dit de la Saussaye, après auoir esté paraphés par le greffier de lad. commission & ung double dudit in-

vent. d'iceux tiltres estant demeuré au greffe annexé au présent jugem^t auecq les armes & blazon de la maison & famille de la Saussaye. Fait à Orleans, ce quatorziesme sept^bre mil six cens soix^te sept.

DE MACHAULT.

Par mon dit sieur,

CHENUDEAU.

(Original sur papier. — Au bas de chaque feuillet, y compris celui où sont figurées les armes de la famille, se voit la signature de M. de Machault. Les armes sont sur vélin (1).)

XV.

Certificat de service pour Jean-François de la Saussaye, IIe du nom (2).

(1572. — Page 58.)

REGIMENT ROYAL ROUSSILLON, infanterie.

NOUS Brigadier des armées du Roy, lieutenant colonel, Major & Capitaines du dit Régiment, certiffions que Monsieur Jean François de la Saussaye a servy au dit régiment en qualité de lieutenant depuis l'année mil sept cent cinquante deux jusqu'en l'année mil sept cent soixante un, qu'il a été forcé de se retirer à cause d'un œil qu'il avoit perdu, ce qui luy est provenu d'une fluxion sur les yeux à la suitte des campagnes de mil sept cent cinquante sept, cinquante huit & cinquante neuf; cet officier est fils du sieur Jean-François de la Saussaye qui a servy au dit régiment depuis mil sept cent vingt quatre jusqu'à mil sept cent trente trois & frère du s^r Ange de la Saussaye qui a servy aussi au même régiment depuis mil sept cent cinquante sept jusqu'en mil sept cent soixante huit qu'il est mort de la poitrine à la suitte des campagnes

de Corse, tous deux regrétés du régiment par la bonne conduitte & la façon distinguée avec la quelle ils ont servy. En foy de quoy nous avons donné le présent certifficat pour servir & valoir en ce que de raison & à yceluy fait apposer le cachet du régiment.

Fait à Marseille, ce quinzième jour du mois de may mil sept cent soixante douze.

POULARIES, lieu^t colonel. — DE PRESLE. — LACAPELIERE. — SERVIEZ. — LA BARRIERE. — DE BEAUNE. — BUTEL. — PETITY, major. — LA BARRIERE, cap^e aide-major. — DRAILON, cap^e aide-major.

(Original sur papier, avec l'empreinte en cire rouge du cachet du régiment.)

---

(1) *Voir le frontispice de l'Histoire généalogique.*

(2) *Archives de la Saussaye, n° 2, série D-1.*

XVI.

Lettre de Jean-François de la Sauſſaye, maire de Blois, à François-de-Paule,
ſon frère (1).

(1776. — Page 66.)

OICY, mon cher frère, l'état de tes affaires ainſy que je te l'ai annoncé par ma
lettre du 30 juillet dernier. Je voudrois
que le debet fût plus conſiderable ; il le
ſera encore bien moins inceſſament, c'eſt à dire
quand j'auray payé l'argenterie que je t'envoie & qui
eſt actuellement à Nante & bientoſt à Lorient. Cette
caiſſe contient des operas des plus nouveaux, un exem-
plaire de notre genealogie, & une copie de nos partages par la quelle tu verras qu'il y a peu de famille
honneſte auſſy pauvre que nous. Heureuſement que les
gens de bien ſe contentent de peu..... Rien de nouveau
à la Cour depuis ma derniere lettre. Pour dans notre
bonne ville, nous n'avons que la nomination de
M. l'abbé de Témines, aumônier du Roy, homme de
qualité, à notre eveſché ; nous ne le connoiſſons pas
encore, ainſy je ne puis t'en rien dire. On dit que nous
allons avoir icy, en place de la Chambre des Comptes,
le Bureau des finances d'Orléans, mais il n'y a encore
rien de certain. Sy cela eſt, cela nous donnera une qua-
rantaine de maiſons de plus qui pourront augmenter
la bonne ſocieté. Adieu cher frère, porte toy bien, &
crois que perſonne ne t'aime plus dans le monde qu
ton frère & amy,

LA SAUSSAYE.

A Blois, le 9 ſeptembre 1776.

(1) *Archives de la Sauſſaye, n° 4, ſérie D.*